DE LA NÉCESSITÉ

D'UNE

# SECONDE CHAMBRE

ÉVREUX, IMPRIMERIE DE A. HÉRISSEY.

# DE LA NÉCESSITÉ

D'UNE

# SECONDE CHAMBRE



PAR

A. JOIN-LAMBERT

Membre du Conseil général de l'Eure

---

ÉVREUX

A. BLOT, LIBRAIRE-ÉDITEUR

RUE CHARTRAINE, N° 66

1871

# AVANT-PROPOS

Si pénibles que soient les épreuves du présent, combien davantage n'en souffririons-nous pas, s'il n'était dans notre nature, que l'espérance soutient et console, de tourner aussitôt nos pensées vers l'avenir! Ce sera la tâche honorable et difficile des hommes de guerre et des hommes d'état que nous attendons, de relever la patrie, de chercher à notre puissance et à nos institutions des bases plus solides; mais, sur les sujets limités dont ils auront à embrasser l'ensemble, il peut n'être pas inutile que le public, en disant son mot, fasse au moins connaître ses vœux. La question ici traitée amènera l'expression d'opinions, sinon plus générales, sans doute plus entreprenantes et passionnées, que celle à laquelle je me rattache. N'est-ce pas un nouveau motif de rompre avec la réserve trop habituelle des opinions modérées et, pour les quelques personnes auxquelles je m'adresse, d'accueillir cet écrit avec indulgence?

Je n'y aurais aucun droit si j'omettais de reconnaître la principale de mes dettes. L'*Histoire du Gouvernement représentatif* de M. Duvergier de Hauranne est un des ouvrages qui éclairent le mieux les ressorts et le jeu de nos institutions politiques, de 1789 à la Restauration; je lui emprunte d'utiles citations.

Aussi bien que le reproche d'oubli, je voudrais éviter celui d'erreur. Dans le titre de cette étude, je désigne par l'expression de *seconde chambre* l'Assemblée dont j'essaie de démontrer la nécessité. Cette qualification n'est pas, je le reconnais, habituelle dans la langue usitée pour traiter ces matières. En dehors des dénominations spéciales et diverses, suivant les pays (Chambres des lords ou des seigneurs, Sénat, Landsthing, etc.), les termes de Chambre haute ou première Chambre sont ceux employés le plus souvent au sens général de la science politique. Le dernier duc de Broglie a adopté le mot de Sénat: « C'est, dit-il, le nom que nous préférons, celui de Chambre des pairs « n'ayant plus de sens, et celui de Chambre haute risquant d'être

« pris en mauvaise part ». Je ne doute pas qu'en effet le titre spécial de Sénat puisse seul désormais être appliqué à une Assemblée qui n'est pas un legs des générations passées, et qu'un peuple se trouve un jour obligé de créer. Mais un travail où les considérations particulières à la France ne font que se joindre aux preuves indépendantes des circonstances et des lieux, ne m'a pas semblé l'exiger. J'ai surtout redouté de faire naître à première vue et pour ainsi dire à distance, la prévention que l'institution dont je m'occupe dût emprunter à celle qui vient de tomber ses caractères en même temps que son nom. Mais d'un écueil évité je suis rejeté sur un autre. Le sens que j'attache à l'insuffisante épithète de *seconde chambre* réclame explication. A l'exemple de M. le duc de Broglie, je m'abstiens des locutions emportant apparence de supériorité et susceptibles d'induire en erreur ou en défiance; je n'entends pas davantage attribuer à l'Assemblée émanée du suffrage direct de la nation un droit de primauté et de prépondérance. J'ai écrit *seconde* Chambre, non pour évoquer l'idée de rang, mais en ce sens seulement qu'il faut deux Assemblées. M. John Stuart Mill, en présence de la même difficulté et pour désigner un chapitre où il traite également à un point de vue général la question de la dualité des Chambres, s'est contenté, malgré les objections qu'elle soulève, de la même formule.

Il était impossible de ne pas envisager mon sujet dans ses rapports avec les doctrines politiques qui ont cours. Lorsque l'occasion naturelle d'un avis s'est présentée, je n'ai pas évité de faire connaître le mien. Devais-je m'imposer plus de réserve à l'égard du régime autoritaire disparu que vis-à-vis de l'absolutisme révolutionnaire luttant aujourd'hui pour la domination ? J'ai fermement désiré, je ne l'oublie pas, que l'Empire, s'entourant de contrôle et de lumière, pût éviter à la France une révolution nouvelle et s'épargner les dangers de l'aveuglement. Je maintiens l'ancienne et publique expression de mes critiques et de mes vœux. Les malheurs survenus ne me paraissent un motif ni de retirer les unes ni de renier les autres.

# DE LA NÉCESSITÉ
# D'UNE SECONDE CHAMBRE

---

L'existence et la composition d'une seconde chambre sont la matière d'un ancien débat de nouveau ouvert. Quand, pour la première fois, l'établissement du régime constitutionnel a été tenté parmi nous, cette question eut le sort des principaux problèmes politiques, la sanction du pouvoir exécutif, le droit de paix et de guerre, la responsabilité des ministres, et fut mal résolue. Depuis lors, à la lumière de l'expérience et de la réflexion, sur la plupart de ces graves sujets les idées se sont éclaircies, et selon toute apparence l'opinion paisiblement consultée pencherait vers les solutions qui prévalent dans le monde entier.

Tout a été dit également sur la dualité des Chambres; mais, soit que nous n'ayons pas fait d'épreuve complète et heureuse, soit par d'autres motifs dont plus loin j'essaierai de rendre compte, il faut peut-être prévoir de ce côté plus d'éloignement à suivre l'exemple des autres peuples.

Je forme le vœu que, faute de dissentiments profonds et d'objections dans les esprits, ce travail encoure le reproche que je lui adresse, celui de redite et de banalité.

Exposé des opinions et arguments.

Si l'on devait restreindre les principes et la théorie aux déductions de l'intelligence, abstraction faite des enseignements de l'histoire, j'aurais hâte de leur avoir fait leur part; car la raison et le bon sens s'appliquant à observer inspirent mieux que le pur système les peuples qui prétendent se bien gouverner. De cette étude il ressortira, je l'espère, qu'une logique issue de la réflexion et les conclusions tirées des faits se prêtent, comme toujours, un mutuel appui.

« C'est une expérience éternelle, a dit Montesquieu, que « tout homme qui a du pouvoir est porté à en abuser; il va « jusqu'où il trouve des limites. Pour qu'on ne puisse pas « abuser du pouvoir, il faut que par la disposition même des « choses, *le pouvoir arrête le pouvoir.* »

Ainsi se démontre la nécessité d'une Assemblée contenant et modérant le chef de l'État, et d'une participation du pouvoir exécutif aux actes de législation. A Sieyès disant dans une forme sentencieuse : « Je définis la loi la volonté des « gouvernés, donc les gouvernants ne peuvent avoir aucune « part à sa formation », Thouret et Mirabeau judicieusement répondaient : « Il est indispensable que la Chambre des « représentants ait un contre-poids qui l'empêche d'aspirer à « la tyrannie. Or, à défaut d'une seconde chambre, ce con- « tre-poids ne peut être que la sanction royale. »

Reste à savoir si la nécessité d'une seconde chambre n'existe pas indépendamment et en surcroît du contre-poids de la *sanction.*

En effet, poussés chacun à exagérer leur puissance, l'Assemblée et le chef de l'État se contiendront mutuellement de telle sorte que l'équilibre produira l'immobilité, ou bien la lutte s'engagera, « l'autorité chargée de vouloir aura l'ambition d'agir, l'autorité chargée d'agir l'ambition de vouloir (1) », et quel que soit le vainqueur, il aura obtenu une prédominance contre laquelle on avait cherché des garanties.

Comment éviter cette immobilité, respectueuse sans doute des droits en balance, mais négation des affaires publiques, et le conflit aboutissant fatalement au despotisme ou aux discordes civiles? Comment parer aux effets de ce que Sieyès appelle avec précision et bizarrerie la *contre-action?*

(1) Mailhe.

Le principe formulé par Montesquieu réclame cette solution complémentaire.

Lally-Tollendal formulait ainsi la question et la réponse : « Un pouvoir unique finira par tout dévorer, deux se com-« battront jusqu'à ce que l'un ait écrasé l'autre, trois se « maintiendront en équilibre. Mais, pour obtenir ce résultat, « il faut que chacune des Chambres ait un intérêt particu-« lier, indépendant de l'intérêt général qui leur est commun, « et une composition différente ; si toutes deux étaient for-« mées de la même manière, ce ne serait en réalité qu'un « seul corps, qu'un seul esprit, un seul pouvoir. » On ne saurait mieux dire. Pour notre malheur, à la Cour et dans la nation, cette connaissance ou cette intuition des vérités politiques était trop rare.

Il importe donc que la seconde chambre réunisse ces conditions d'être indépendante du pouvoir exécutif et de l'Assemblée populaire, et d'imposer à l'ensemble de la nation le respect de son autorité. Organe habituel d'impartialité et de modération, elle s'élèverait au besoin jusqu'au rôle d'arbitre et de conciliateur.

On a fait à cet équilibre, à cette harmonie des pouvoirs, les objections les plus contradictoires.

Selon les uns, qu'il résulte du contre-poids de trois aussi bien que de deux pouvoirs, toujours l'équilibre produira l'immobilité. L'État sera retenu dans une impasse, puisque aucun des pouvoirs, n'ayant la prépondérance et le dernier mot, ne saurait dans les difficultés ouvrir d'issue.

L'équilibre, au contraire, sera la tyrannie ou l'anarchie, a dit Condorcet. Je cite le passage, non pour le mérite des pensées, mais comme exemple du trouble où l'influence d'une époque peut jeter des esprits distingués. Condorcet avait, en effet, soutenu des opinions bien différentes : « Certains publicistes, disait-il, veulent que des principes « d'action indépendants entre eux se fassent équilibre et se « servent mutuellement de régulateur et de frein. Mais que « devient la liberté publique si ces pouvoirs, au lieu de se

« combattre, se réunissent contre elle? Que devient la tran-« quillité générale, s'ils luttent l'un contre l'autre et que la « masse des citoyens se partage entre eux? Les constitu-« tions fondées sur l'équilibre des pouvoirs supposent d'ail-« leurs l'existence de deux partis, *et un des premiers besoins* « *de la République est de n'en connaître aucun.* »

Les hommes seraient à plaindre s'il n'était dans leur nature de se partager en deux grandes catégories se corrigeant et compensant l'une l'autre : les uns qui attendent plus de bien des transformations, les autres qui veulent surtout confirmer les avantages acquis. Heureux les peuples dont l'activité politique se concentre utilement en deux partis, progressiste et conservateur, au lieu de se disperser en factions à passions égoïstes et à doctrines étroites !

En 1848, le président de l'Assemblée constituante, M. Armand Marrast, a repris ces arguments, comme rapporteur de la commission de Constitution. A ses yeux, une seconde chambre n'est plus un danger d'immobilisation, mais elle est au moins, en cas d'accord des deux Chambres, une superfluité; — ou bien, s'il ne prétend pas avec Condorcet que l'union des deux Chambres menace la liberté publique, il redoute les plus grands maux de leur antagonisme. Voici comme il s'exprime : « Ou les Chambres seront d'accord, et « alors une double discussion, un double vote, ne servent « à rien et peuvent nuire en retardant la loi; ou bien elles « seront en désaccord, ce qui arrivera le plus souvent, et « alors c'est la lutte que vous établissez au sommet de l'État. « Or, la lutte en haut, c'est l'anarchie en bas. Les deux « Chambres sont donc un principe de désordre. » A ce dilemme on répondait par un autre, bien plus fort : « Ou « bien les Chambres seront d'accord, et alors la loi sortie « victorieuse d'une double épreuve, aura dans le pays plus « de force et d'autorité; ou bien les Chambres seront en « désaccord, et ce sera la preuve que la volonté nationale « ne sera pas encore assez claire, assez certaine, et que la « question a besoin d'être débattue de nouveau. »

A bien des esprits l'exposé du débat sur le terrain du raisonnement et de la logique semblerait insuffisant si l'on n'y ajoutait l'opinion et la solution adoptées par le plus grand homme de la Révolution, par Mirabeau. Du temps qu'il était encore en lutte avec les préjugés de classe, il avait combattu, dans le *Courrier de Provence*, l'idée de réunir les Chambres du clergé et de la noblesse pour en former une Chambre haute. Quand, les distinctions sociales disparues, il vit la question posée non plus entre deux classes, mais entre deux systèmes, s'il n'osa pas aller jusqu'à la rétractation, il s'abstint néanmoins de contredire les idées dont la raison, prenant la place de la passion, lui avait révélé la justesse. Il y résisterait sans doute moins encore et s'en ferait le défenseur si, vivant aujourd'hui et instruit par nos propres vicissitudes, il interrogeait le passé de certains peuples et la pratique actuelle de tous ceux qui ne dédaignent pas l'expérience.

Mise en pratique universelle du système de la dualité.

Je dirais, si on voulait me le permettre, que partout en Europe où il y a une Chambre il y en a deux. C'est-à-dire qu'en Russie et en Turquie, si le pouvoir législatif n'est pas divisé, c'est qu'il n'existe aucune Assemblée législative. La Grèce seule s'en tient à une Chambre unique nommée *Boulê;* exception qui, mieux que tout argument, semble confirmer la règle. Il est superflu de rappeler la Chambre des communes et celle des lords en Angleterre; en Prusse et en Autriche, les Chambres des seigneurs, placées en regard des Chambres électives. En Belgique, en Espagne, en Portugal, en Italie et aussi en Roumanie, il y a le Sénat, concourant avec une autre Assemblée à l'œuvre législative. En Hollande, il y a la Chambre haute et la seconde chambre. En Suède, le pouvoir législatif est exercé par quatre sections de la Diète votant à part et correspondant aux quatre ordres. La Norwége a le Lagthing et le Odelsthing, le Danemark le Landsthing et le Folksthing; enfin, la Suisse a concurremment le Conseil national et le Conseil des États.

Sortons-nous d'Europe pour interroger les peuples de race européenne, nous trouvons dans la grande République des États-Unis le Sénat et la Chambre des représentants. Le principe de deux Chambres d'origine et attributions différentes est en vigueur à ce point aux États-Unis, qu'il est appliqué non-seulement pour l'Union, mais dans chacun des États particuliers. On voit, au Brésil, le Sénat et le Congrès; dans les Républiques Argentine, du Chili et du Pérou, un Sénat et une Chambre des députés. Est-il besoin d'ajouter que le Canada et les États d'Australie, si jeunes mais déjà si considérables, appliquent, à l'imitation de la mère patrie, le système des deux Chambres?

La France, presque seule jusqu'ici, a semblé ne pas attacher grande importance à la règle universellement adoptée. Tantôt et récemment encore, par la Constitution de 1848, elle a cru pouvoir y déroger formellement; tantôt, et cela même à ses meilleures époques, elle en a fait une insuffisante application.

Aperçu historique des résultats de la dualité et des effets de son absence.

Par ce seul fait qu'une nation possède une double représentation, toutes les prospérités ni même les avantages d'un bon gouvernement ne lui sont pas garantis. Il y a des malheurs de situation ou des vices de caractère dont les meilleures Constitutions ne préviennent pas les funestes effets. Si la République de Venise a disparu en 1797, si le Danemark a perdu deux provinces en 1863, les formes de gouvernement de ces États n'en sont pas responsables. Venise, en effet, ne périt pas par la prépondérance de son patriciat. En haine des familles instruments de sa grandeur, une insurrection populaire livra la République à l'étranger. Si l'Espagne a si longtemps persisté dans la manifestation de ses volontés politiques par le moyen des *pronunciamento* et des dictatures, ce n'est pas que la forme monarchique constitutionnelle sous laquelle elle vit en principe depuis trente ans se concilie avec les coups d'État.

Mais il n'y a pas d'exemple qu'un peuple moderne ait

obtenu d'une Chambre unique les bienfaits de l'ordre et de la liberté. Je dis *moderne* pour éviter les longues digressions dans l'antiquité, dont tant de côtés intimes nous échappent. Encore verrait-on d'un coup d'œil rapide qu'à travers de brillantes aventures, la fortune d'Athènes marcha vers son déclin du jour où nulle sage influence ne subsista pour retenir des généraux comme Alcibiade et protéger des citoyens comme Aristide, pour détourner le peuple de l'expédition de Sicile ou l'exciter contre Philippe. A défaut de l'ancienne prépondérance à jamais compromise, des jours encore enviables ne reparurent qu'avec Phocion ramenant les tempéraments oligarchiques dédaignés après Pisistrate. Rome, qui pourrait l'oublier, ne vit-elle pas finir sa liberté et bientôt sa grandeur quand le Sénat, dont le temps avait incliné la taille, s'abaissa devant les généraux victorieux, le lendemain Césars, et que ceux-ci ne furent plus en présence que du peuple et de ses tribuns ?

Rôle de la Chambre des lords.

Mais revenons à l'Angleterre, patrie classique de ces libres institutions par lesquelles elle semble envahir le monde plus que par son commerce lui-même (1). Elle doit tenir d'autant plus à ses principes, qu'elle a appris à ses dépens ce qu'il en coûte de s'en écarter. La lutte entre Charles Ier et le Parlement s'est terminée par la captivité du roi. Mais ce n'est pas le Parlement qui a vaincu, c'est l'armée, et, à vrai dire, un élément de l'armée, les Indépendants. Les soldats fanatiques réclament la mort du souverain. La Chambre des lords qui, neuf ans auparavant, avait refusé d'être complice de ses projets despotiques et de se constituer seul conseil du royaume, s'oppose à la procédure irrégulière dont l'objet

(1) Quelque lecteur froissé de la neutralité que l'Angleterre a gardée en présence de nos désastres, trouvera le moment mal choisi pour vanter des institutions qui permettent ou produisent une telle politique. Le peuple anglais aura-t-il à regretter son impuissance ou son calcul? La réponse à cette question intéresse la sagacité des hommes et nullement la valeur de la forme gouvernementale.

est le renversement de la monarchie. Elle est fermée. La Chambre des communes, par hésitation et par faiblesse, laisse le champ libre à l'illégalité violente. Épurée d'abord, elle ne tarde pas à disparaître, ne laissant après soi que cette queue, ce résidu parlementaire instrument et jouet de toute anarchie, et flétri en Angleterre sous le nom de *croupion*. Plus tard, le politique Cromwell voudrait se soustraire à la domination d'une soldatesque ridicule et brutale, suppléer l'impuissance des *communes* qu'il a avilies, et satisfaire la majorité du pays, en tous temps et en tous lieux si vite impatiente de sécurité. Dans ce but, il fait appel à l'assistance des lords. Il n'est plus temps. Les lords, qu'à l'origine on n'a pas consultés, qu'on a depuis dépouillés de leurs droits, s'abstiennent. Aussi le dictateur, réduit à une Chambre qui, toute discréditée qu'elle est, se refuse de reconnaître les lords de nouvelle création, se décide-t-il, avec regret, à l'expédient fatalement précaire du pouvoir absolu : « Que « Dieu, s'écria-t-il en renvoyant les députés, soit juge entre « vous et moi ». Avant de s'abandonner à la Providence, il avait donc jugé sage d'appeler au partage de sa puissance les lords chassés par lui de Westminster.

Quand la Chambre élective se vit arracher si aisément d'un sol ébranlé, elle dut reconnaître combien les profondes racines de l'antique pairie profitent aux intérêts communs de la représentation nationale. Il est naturel, en effet, qu'un peuple redoute moins de porter ou laisser porter atteinte à l'*œuvre récente de ses mains*. N'est-il pas en mesure de la relever à son gré ? Mais, pour peu qu'il soit sage, il craint d'exposer une institution qu'il n'a ni créée ni vue naître, résultat mystérieux d'une expérience et d'un respect séculaires.

Quant à la nation, l'empressement qu'elle mit bientôt à rétablir ses lords dans leurs droits témoigna son regret de leurs services. Ainsi parut l'accord de ses affections avec la sagacité du grand protecteur et avec les intérêts de la Chambre basse.

La Chambre des lords, est-il nécessaire de l'ajouter, depuis comme avant ces événements, eut les mêmes destinées en Angleterre que le prestige des lois et le développement des libertés. On les a vus prospérer ou s'affaiblir ensemble.

Bien loin que pour la France l'unité du pouvoir législatif ait été une remarquable et passagère exception, plusieurs fois nous l'avons hautement préférée, et quand la seconde Chambre a été admise, certains de nos constituants en ont recherché la seule apparence ; les autres n'en ont pas obtenu l'entière réalité. Ce n'est pas cependant que durant les quatre-vingts dernières années, courte période dans la vie d'un peuple, nous ayons été avares d'expériences et du prix qu'elles coûtent. La Constitution que nous attendons sera la quatorzième depuis 1789. J'omets les retouches, celles même dont l'importance a fait une œuvre nouvelle substituée à l'œuvre primitive. N'avons-nous été que mobiles, ou bien le hasard et la faute de graves imperfections dans nos monuments politiques, doivent-ils être également rendus responsables de leur peu de durée? Quoi qu'il en soit du tort de nos mœurs publiques et de certaines erreurs constitutionnelles dont nous n'avons pas à nous occuper ici, essayons de reconnaître la part, dans nos destinées, des diverses solutions données au problème capital de la distribution de la puissance et de l'équilibre des pouvoirs.

Les délibérations de notre première Assemblée constituante à ce sujet ont été rapides et sommaires. Sieyès ne sortit guère de ces deux termes géométriques, le roi d'une part, magistrat chargé d'exécuter, la nation de l'autre, homogène, indivisible et représentée par une Assemblée législative unique. Selon la nature de son esprit, il distribuait les pièces essentielles du mécanisme, sans se préoccuper de leur mouvement. Lally et Mounier, attachés aux formes anglaises, et les trouvant au lieu d'origine surtout à l'état de tradition et d'expérience heureuse, n'étaient pas en mesure de faire

Constitution de 1791.

valoir l'ensemble des motifs que la science politique a depuis lors mieux dégagés. Mirabeau, contrairement aux suggestions de son lumineux esprit, subit le lien d'imprudentes déclarations passées et suivit silencieusement la majorité de l'Assemblée. Or, cette majorité obéissait aux entraînements de l'opinion et à la défiance d'une institution aristocratique d'apparence. En même temps que la seconde chambre était repoussée, l'autorité royale, réduite au *veto* suspensif, cessait presque d'exister. On marcha dès lors vers des événements inévitables. Les deux Assemblées qui suivirent ne s'arrêtèrent plus sur la pente qui mène à la dictature par l'absorption de tous les pouvoirs.

A l'heure où nos Constitutions se fermaient à une Chambre haute, quelle était la conduite de la noblesse qui l'aurait dû composer et défendre? Avant l'erreur de laisser, par sa retraite, le tiers seul à l'œuvre et en scène, la noblesse avait commis celle de se montrer hostile à l'existence d'une seconde chambre; la haute noblesse pour ne pas transiger, la petite par ennui de n'y pouvoir entrer. Je ne prétends pas qu'une seconde chambre récente et faible eût fait ce que n'avait pu la puissante Chambre des lords, contenir, non des passions normales, mais des fureurs révolutionnaires. L'avantage eût été moins immédiat. L'aristocratie n'eût-elle fait alors qu'ajouter à ses sacrifices des victimes de la résistance légale, frappées à leur place et dans leur rôle constitutionnel, qui sait si elle n'en aurait plus tard obtenu la récompense? La condition pour elle d'une reprise de fonction différente, mais supérieure, était au moins de s'en montrer digne. De suite elle se mettait à la hauteur par le courage et le dévouement. L'histoire en eût tenu compte, et quand en 1831, le sort de la pairie héréditaire fut débattu, l'opinion de tant d'esprits éminents et libéraux, Royer-Collard et Benjamin Constant en tête, se fût produite avec cet argument : « Elle aussi, notre brillante noblesse, quand la « liberté constitutionnelle a été douloureusement essayée, « est demeurée à la peine, fidèle, persistante et résignée.

« Elle s'est acquis le droit d'être à l'œuvre encore, mais « aussi à l'honneur. » Une fois le temps gagné pour l'éducation politique, elle eût tôt ou tard suivi d'un mouvement plus général l'exemple donné dès le début par quelques familles.

Constitution de 1793.

Les auteurs ne se sont guère arrêtés à l'étude doctrinale de la Constitution de 1793. Elle semble le renversement systématique des notions reçues touchant les avantages de l'unité pour l'exécution, et de la pluralité pour la délibération. Elle déclare le Corps législatif « un, indivisible et permanent ». Celui-ci ne fait pas les lois, *il les propose aux Assemblées primaires*, autrement dit à la nation tout entière, obligée de concilier les habitudes ou les nécessités quotidiennes de la vie, avec des travaux législatifs non moins incessants.

Le conseil exécutif est multiple et se compose de vingt-quatre membres. C'eût été les asservir aux entraves de la délibération et leur rendre l'action impossible, si l'article 68 n'avait porté : « Ces agents sont séparés et sans rapports entre eux ». Il n'y a plus ombre de pouvoir exécutif, mais simple administration aux ordres d'une Assemblée dominée elle-même par des clubs. L'Assemblée surprend la volonté de la nation par le moyen détourné des *lois*, et directement lui impose la sienne sous le titre de *Décrets*.

Constitution de l'an III.

Les leçons du passé ne furent ni perdues ni tout à fait mises à profit, quand la partie saine de la Convention adopta la Constitution de l'an III. « En 1791, dit M. Thiers, on « était à la fois si novice et si bienveillant qu'on n'avait pas « pu concevoir l'existence d'un corps aristocratique contrô- « lant les volontés de la représentation nationale, et on « avait cependant admis, conservé avec respect et presque « avec amour le pouvoir royal. Pourtant, en y réfléchis- « sant mieux, on aurait vu qu'un corps aristocratique est « de tous les pays, et même qu'il convient plus particulière-

« ment aux Républiques, qu'un grand État se passe très-« bien d'un Roi, mais jamais d'un Sénat. En 1795, on venait « de voir à quels désordres est exposée une Assemblée « unique. On consentit à l'établissement d'un Corps législatif « partagé en deux Assemblées. »

Les défauts ne manquaient pas à cette nouvelle œuvre constitutionnelle. Les circonstances les mirent bientôt en lumière. Deux corps délibérants sortis à la même heure du même moule, l'élection populaire, ne sauraient être animés que d'un seul esprit et de semblables passions. Bien loin qu'ils se corrigent l'un l'autre, leur accord fortifie et exagère leurs communes tendances. Les Conseils étaient, ou le Directoire feignit de les croire hostiles à la forme républicaine. Plus sages ou formés autrement, ils n'eussent pas fourni à une puissance rivale occasion de dominer, sous prétexte d'intentions anti constitutionnelles à contenir.

Si l'on se tourne vers le Directoire, on reconnaît que cette institution n'était pas plus heureuse. Disséminer l'autorité entre cinq Directeurs, c'était leur interdire l'action continue, impossible à moins d'une longue et difficile entente; et leur refuser, en cas de désaccord avec les Chambres, le droit de dissolution, n'était-ce pas les vouer à l'affront de l'impuissance ou les pousser hors des voies légales? En raison des obstacles à leur influence légitime, un concert accidentel entre les Directeurs avait chance de se tourner en coup soudain et violent. Ce fut le 18 fructidor, attentat de trois Directeurs contre deux collègues dont l'un était Carnot, et contre les majorités des conseils. La Constitution elle-même avait conduit les Directeurs à le commettre, et les Conseils à le provoquer. Il faut s'en souvenir, quand l'étude d'une Constitution s'impose de nouveau aux esprits, pour s'abstenir de puiser les deux Chambres à des sources électives identiques, et ne priver le pouvoir du droit de dissolution à l'égard d'aucune d'elles.

Après cette atteinte au nombre de leurs membres et à

leur prestige, il n'y avait plus à compter avec les Chambres. Mais le Directoire ne se fortifia pas de l'autorité qu'il leur avait fait perdre. Des médiocrités seules pouvaient s'accommoder d'un cadre dans lequel la vanité trouvait encore à se produire, mais non plus le pouvoir à s'exercer utilement. Un homme de quelque valeur en y entrant devait le briser. Sieyès crut l'heure venue de placer son œuvre constitutionnelle, depuis longtemps en réserve, et ne fit, à ses dépens, place qu'à un homme. Quand, au 18 brumaire, la Constitution de l'an III succomba, elle avait éprouvé l'effet de ses imperfections : pluralité dans l'exécution, parité d'origine et diversité d'attributions dans les Chambres. A la dernière heure, cette diversité d'attributions vint même précipiter la chute. Les Anciens, acquis à Sieyès, ont décidé la translation des Conseils à Saint-Cloud et confié l'exécution du décret au général Bonaparte. L'opposition fut impossible aux Cinq-Cents consternés, la question de translation se trouvant constitutionnellement exclue de leurs délibérations. Dans cet événement, l'histoire met surtout en relief le succès d'une ambition et la complicité d'un peuple altéré d'ordre quand même, se précipitant vers le militarisme (1). C'est, en effet, à ces causes que le coup d'état dut d'être entrepris et de réussir. Mais les germes de destruction déposés au sein des institutions de l'an III, les avaient déjà minées, et, à un moment plus ou moins prochain, le sol leur eût manqué. Je n'ai pas entendu prouver davantage.

Constitution de l'an VIII.

La Constitution de l'an VIII que la France reçut des auteurs du 18 brumaire a été beaucoup vantée. Elle est, en

(1) J'ai trop ardemment désiré qu'un grand capitaine vînt, par prodige, conjurer nos dernières infortunes, pour ne pas garder à Napoléon Ier une patriotique gratitude, en tant que son génie nous a été un précieux secours. Mais que n'a-t-il, à l'exemple d'autres hommes illustres, borné sa gloire à servir et sauver sa patrie, au lieu de l'asservir et de la sacrifier à son orgueil?

effet, l'œuvre constitutionnelle la plus savante de la période révolutionnaire. Transformée à peu de frais par le premier et le second Empire, elle a vécu longtemps et grandement marqué. Nos mœurs publiques et nos habitudes politiques ont pris son empreinte qui n'est pas près de s'effacer. A vrai dire, la satisfaction d'intérêts dynastiques ou autoritaires lui a surtout valu certains éloges. De quoi se sont félicités ses partisans? De cette concentration de puissance que justement la conception première de Sieyès avait pour objet et pour mérite de conjurer. Elle élevait des digues ingénieuses et puissantes aussi bien contre le despotisme que contre l'anarchie. La valeur des parties intactes a survécu à la mutilation des autres; mais l'ensemble est devenu un obstacle à l'éducation politique de la nation. Sieyès avait imaginé un Grand Électeur, à la désignation d'un Sénat se recrutant lui-même. «Ce magistrat suprême, dit M. Thiers, était réduit « exclusivement à un acte : il devait élire deux agents supé« rieurs appelés l'un Consul de la paix, l'autre Consul de la « guerre. Ceux-ci nommaient ensuite les ministres. Mais, « principe générateur du gouvernement, le Grand Électeur « en était aussi le représentant extérieur. C'est en son nom « que la justice devait être rendue, que les lois devaient « être promulguées, et les actes du gouvernement exécutés. « C'est auprès de lui que les ministres étrangers devaient être « accrédités, c'est de sa signature que les traités de la « France avec les puissances étrangères devaient être revê« tus. En lui devait briller tout le luxe d'une nation polie, « élégante et magnifique. »

Cependant Sieyès ne voulait pas que le Grand Électeur, si contenu qu'il fût par l'élection et par la spécialité d'un considérable mais unique pouvoir, pût s'imposer à la nation en cas de dissentiment, de démérite ou de visées redoutables de sa part. Aussi le Sénat recevait-il la faculté de l'arracher à ses fonctions en le nommant sénateur. C'était ce que Sieyès appelait *absorber*.

Abstraction faite des fonctions consulaires si étrangement partagées et intermédiaires superflus entre le magistrat suprême et les ministres, la forme républicaine recueillait de ce système les avantages essentiels de la monarchie constitutionnelle; les ministres seuls exposés aux entraînements de la vie publique active et à ses responsabilités, la clef de voûte assise sur des colonnes moins fragiles que les suffrages populaires.

Analogie du projet républicain de Sieyès et de la monarchie constitutionnelle.

Des préoccupations personnelles inspirèrent alors au général Bonaparte ces objections et ces sarcasmes auxquels peuvent seules donner encore quelque cours notre ignorance du jeu réel des institutions parlementaires et l'insuffisance des épreuves que nous en avons faites.

« Quel est l'homme d'esprit et de cœur qui voudrait subir « une telle oisiveté, au prix de six millions et d'une habita- « tion aux Tuileries! Quoi! nommer des gens qui agissent « et ne pas agir soi-même! Si j'étais le Grand Électeur, je « me chargerais bien de faire encore tout ce que vous ne « voudriez pas que je fisse. Je dirais aux deux Consuls de la « paix ou de la guerre : Si vous ne choisissez pas tel homme « ou si vous ne prenez pas telle mesure, je vous destitue. Je « redeviendrais maître par un détour. »

Il y a des hommes que l'histoire honore et qui se sont abstenus de montrer leur *esprit* par des *détours*. Guillaume III et Léopold Ier n'ont pas jugé indigne de leur *cœur* de se loyalement consacrer à la fondation d'un régime, auquel leurs peuples reconnaissants doivent encore leur bonheur.

Mais, de quelque façon qu'on les juge, le général Bonaparte en eût été, ce me semble, pour ses intentions.

Non, le Grand Électeur n'eût pas réussi à dicter ses volontés; car, si le Corps législatif n'avait pas approuvé les choix consulaires, il eût pu refuser ses votes. Le général Bonaparte le savait sans doute, puisqu'il avait tant à cœur de ne pas entrer dans cette prétendue voie vers le pouvoir absolu.

Non, ce n'était point un personnage ridicule que celui de Grand Électeur. Au gré d'une ambition sans bornes, le vrai tort de cette fonction dut être les précautions dont elle était entourée.

En présence des intérêts contraires dont l'effort et l'acharnement passe la mesure, des majorités à entendre et des minorités à ne pas opprimer, des solutions mûres que l'attente a confirmées et permet d'accueillir, des entraînements auxquels il faut ménager le temps de la réflexion et la faculté du retour, les choix à faire sont certes autant d'occasions de montrer des lumières et d'acquérir de l'honneur. Et quand un esprit grave, porté par situation au-dessus des agitations fiévreuses et de là embrassant un horizon étendu, s'applique à l'étude des hommes et des événements sur lesquels il a des propositions à faire, plutôt que des décisions à prendre, j'estime qu'il rend un service de premier ordre à l'État. On peut demander de telles qualités, suivant que la forme du gouvernement est républicaine ou monarchique, soit à des mérites connus, soit à une préparation de milieu et d'éducation. Viennent-elles à manquer, celui qui en est privé demeure encore, dans les conditions où l'a placé Sieyès, pour l'harmonie et le jeu des pouvoirs, un précieux rempart. Il est, pour les rapports avec les nations étrangères, un point plus fixe que les hommes où se personnifient des opinions militantes et dont la chute souvent laisse les intérêts du pays en souffrance.

Mais, à la prévoyante pensée de Sieyès, Napoléon fit substituer un Premier Consul seul dépositaire du pouvoir, escorté de deux collègues consultants, purs fantômes et simple concession de mots au système écarté.

Avant d'en venir aux Assemblées de l'an VIII et de faire connaître la faiblesse de leur organisation, il importait de montrer à quelle puissance active et redoutable elles devaient servir de contre-poids. Telle digue, suffisante contre les eaux régulières d'un fleuve, cède si leur volume s'accroît.

Nous avons vu l'autorité du premier Consul délivrée presque de toute entrave. Pouvons-nous oublier cet article 75 de la Constitution de l'an VIII, qu'un décret de septembre 1870 vient seulement d'effacer et que ne regretteront pas les libéraux même prudents? Il ouvrait aux agents de la centralisation, en cas de poursuite, une sorte de lieu d'asile, je ne dis pas inaccessible, mais différent en tout cas de la protection normale de la justice. Ce privilége, ce prestige des instruments du pouvoir n'a pas peu contribué à fortifier et étendre la tribu des fonctionnaires, trop distincte de la nation par sa soumission aux événements, et cause d'affaiblissement des vraies forces gouvernementales du pays. Désintéresser ou détourner les citoyens de la vie publique en l'absorbant tout entière et en la retenant avec un soin jaloux, n'est-ce pas le rôle funeste qu'elle remplit? Sans nul doute, les législateurs de l'an VIII n'ont pas eu la peine d'inventer la centralisation, mais ils ont restauré et vivifié l'organisme abandonné de l'ancien régime. Les souverains absolus, les ministres autoritaires qui n'ont pas même su faire, de ce réseau serré dont nous étions enveloppés, l'armure de notre patrie, y ont seuls trouvé leur compte. Pour être juste, ajoutons-y les partis, empressés jusqu'alors, quand ils ont saisi le pouvoir, de tourner à leur avantage l'arme dangereuse dont ils avaient si haut maudit les blessures.

L'article 75 fortifie l'administration et détourne la nation de se gouverner elle-même au moyen de ses Assemblées.

Les adversaires d'une Chambre unique ne sauraient faire à Sieyès le reproche d'avoir penché dans le sens qu'ils redoutent, car il a institué jusqu'à quatre corps délibérants. Nous l'avons dit, quand une seule Chambre existe, ambitieuse et forte, elle usurpe. Est-elle dépourvue de crédit et de vie, le pouvoir exécutif la domine et l'annule. Mais, instruit des inconvénients de l'unité, au lieu de s'en tenir au dualisme, s'avance-t-on jusqu'à la multiplicité excessive, que doit-il se passer? Le rôle des Assemblées ne pourra résulter que de combinaisons ingénieuses et subtiles, et chacune d'elles sera frappée de cette double cause de faiblesse, les bornes

Corps délibérants de l'an VIII.

trop étroites de son pouvoir et les difficultés trop grandes à l'exercer. L'usurpation contre le pouvoir exécutif ou de l'une d'elles sur les autres, ne sera pas à craindre de leur part, mais elles seront à la merci de tout génie habile et audacieux ayant les rênes en main.

J'ai parlé de quatre corps délibérants; mais je n'ai pas voulu dire qu'ils fussent des Chambres dans le sens ordinaire, détenant chacune une part de la puissance législative.

J'entrerai dans quelques explications sur le système de Sieyès. Il mérite attention, et nous avons d'autant plus intérêt à reconnaître par où il pèche, que ses erreurs échappent à certains esprits et les séduisent encore.

Sénat de l'an VIII.

Le Sénat ne concourt pas à la puissance législative; il veille seulement à ce que l'usage de ce pouvoir ne porte pas atteinte à la Constitution. Pour peu que le législateur soit attentif à l'éviter, l'occasion d'exercer son droit d'annulation manquera toujours au Sénat. Ce droit est bien moindre que le *veto suspensif*, dernier vestige de participation législative maintenu à Louis XVI. Le roi du moins conservait la faculté d'exprimer sa pensée sur toutes les lois, à d'autres points de vue que la validité constitutionnelle. On ne peut donc voir dans un tel Sénat qu'un moyen commode de récompenser des serviteurs aspirant au repos, ou d'*absorber* des activités gênantes. Il avait pourtant, sur celui du second Empire, l'avantage de se recruter lui-même. Cette disposition eût offert quelque ressource à l'indépendance si le pouvoir n'avait possédé des armes plus certaines pour la contenir.

Aussi n'était-ce pas un Consul tout-puissant, mais le Grand Électeur que le prudent Sieyès avait songé à mettre en balance avec un Sénat si faiblement pourvu.

Sachant que le Sénat ne pouvait compter pour une seconde chambre, il essaya de ménager au Corps législatif, sous d'autres formes et d'autres noms, les tempéraments nécessaires. C'est au Tribunat et au Conseil d'État qu'il eut recours.

Le Tribunat, de cent membres, est institué par le titre III, sous la rubrique *Pouvoir législatif*. Il n'est pas néanmoins partie intégrante de ce pouvoir. Il discute les projets de loi, pour aboutir, non à une décision, mais à une simple proposition d'adoption ou de rejet. Annexe du Corps législatif, il a voix purement consultative. Quand les membres du Conseil d'État viennent soutenir les lois d'initiative gouvernementale devant l'Assemblée, souveraine pour décider, mais condamnée à la délibération silencieuse de chacun en soi-même, il n'appartient qu'au Tribunat de faire entendre une opinion contraire ou divergente. A cette époque, on était las et dégoûté des fruits amers de la discussion dans les Assemblées révolutionnaires. On estimait que l'ardeur de la lutte et le torrent des paroles troublent la conscience et enlèvent à l'esprit son équilibre et sa liberté. Il est interdit à des juges de prendre part au débat. Devant la justice les intérêts en lutte ont à leur disposition des organes attitrés. De même les orateurs du Conseil d'État et du Tribunat ont charge de mettre la vérité en lumière. Le silence des législateurs les dispose à la distinguer. Tribunat.

Est-il bien vrai que toute opinion soit ainsi assurée de trouver son expression? Si la majorité du Tribunat accueille les propositions qui lui sont soumises, l'opinion de la minorité reste sans interprètes dans l'enceinte législative. Nous sommes loin de la double discussion que procure la dualité des Chambres, puisque des trois corps délibérants dont nous avons montré le fonctionnement ne sort pas même une discussion complète.

Mais il y a de plus le Conseil d'État, chargé depuis l'an VIII, à l'imitation des Conseils du Roi sous l'ancien régime, de préparer les projets de loi et les actes du Gouvernement. Sans nul doute cette préparation a ses avantages. Il n'est Conseil d'État.

aucun peuple doté d'une seconde chambre qui n'ait l'équivalent sous d'autres noms, dans le travail des commissions ou bureaux permanents attachés aux divers départements ministériels, et nul n'estime rendus par là inutiles les débats devant deux Assemblées indépendantes du pouvoir.

En résumé, la Constitution de l'an VIII organise cette préparation des lois qui nécessairement et partout est dévolue à des commissions ministérielles; d'autre part, elle demande au Tribunat, corps annexe du Corps législatif et produit des mêmes suffrages, une délibération préalable et une défense de l'opinion adoptée, que tous les Parlements obtiennent plus simplement des commissions choisies dans leur sein. Les deux délibérations essentielles et décisives dont ces inévitables et vulgaires garanties ne sont que les préliminaires, la Constitution de l'an VIII les omet l'une et l'autre. Il n'y a pour s'y livrer ni première ni seconde chambre.

Constitution de l'an X.

On sait les transformations de la Constitution de l'an VIII en l'an X et en 1804; elle tomba du côté où elle penchait. Les éléments de délibération et de contrôle s'évanouirent devant les bonnes fortunes et la popularité de la force. Les fautes des Assemblées vinrent d'ailleurs en aide à l'impulsion des événements et aux projets de l'ambition. Elles n'avaient pas tardé à éprouver quelque mécontentement de leur rôle. Mais au lieu de le relever en se donnant l'opinion pour juge et bientôt pour appui d'une intervention ferme et toujours opportune, elles choisirent pour faire acte de volonté des occasions étranges, parfois ridicules, et un langage déclamatoire, propres uniquement à les discréditer. C'est un malheur des personnes et nations qui manquent de jugement et de mesure, de joindre toujours au mérite de leurs meilleures causes quelque tort plus visible qui les compromet.

Sénatus-consulte de l'an X.

L'acte constitutionnel de l'an X réduisit à cinquante membres le Tribunat, et conféra au Sénat le droit, sur la proposition du Gouvernement, de régler par des sénatus-consultes les matières constitutionnelles, dissoudre le Corps législatif, suspendre en certains cas la Constitution et annuler les jugements.

Ainsi, pour s'être heurté au mauvais vouloir du Corps législatif et du Tribunat, le premier Consul avait découvert une des lacunes de la Constitution précédente, l'absence du droit de dissolution. Mais si le rétablir était revenir à la vérité, l'attribuer au Sénat était retourner aussitôt à l'erreur.

Incompatibilité du principe plébiscitaire et des Sénatus-consultes avec le gouvernement représentatif.

Parmi les dispositions de la Constitution de l'an X, il faut remarquer l'enregistrement du *plébiscite* nommant le général Bonaparte Consul à vie, et l'inauguration des *sénatus-consultes*. Je ne puis laisser passer sans réflexion ces mots spéciaux de la langue politique française, plébiscite et sénatus-consulte. A une époque récente, les choses qu'ils expriment n'ont-elles pas semblé vouloir se fixer dans nos mœurs et même se faire reconnaître en droit politique permanent?

Il importe de savoir si la seconde chambre dont nous essaierons de déterminer le caractère et la fonction, après en avoir montré la nécessité, peut s'accommoder des plébiscites, et se faire instrument de sénatus-consultes.

Les peuples n'ont jusqu'alors découvert que deux manières de se gouverner eux-mêmes : la *représentation* ou la *gestion directe* de leurs affaires. Le dernier système paraît être resté à l'état de théorie pour les États de quelque importance; et même dans les Républiques antiques où la politique et la place publique se sont davantage confondues, il ne semble pas avoir été jamais complétement appliqué.

Les adhérents modernes de cette doctrine, plus nombreux en France qu'elle ne mérite, ont trouvé sa formule dans cette phrase de Rousseau : « La souveraineté, n'étant que « l'exercice de la volonté générale, ne peut jamais s'aliéner, « et le souverain, qui n'est qu'un être collectif, ne peut être « représenté que par lui-même, vu que la volonté ne se

« représente pas ». Que ne trouve-t-on dans les écrits de ce philosophe inquiet et incertain !

Le gouvernement représentatif a pour moyen *l'élection,* laquelle, dans le sens habituel, signifie la volonté nationale s'exprimant sur les questions politiques par le choix des hommes. Dans l'opinion universelle des nations modernes, leur volonté est ainsi parfaitement représentée.

Le gouvernement direct du peuple, en tant qu'on se propose de le dégager de la pure utopie, n'a guère d'autre instrument que le *plébiscite*, c'est-à-dire la volonté populaire se traduisant par *oui* et par *non* sur des questions posées. La Constitution de 93 s'est proposé d'établir le gouvernement sur cette base. On y lit en conséquence : « Le peuple « souverain est l'universalité des citoyens français. Il déli- « bère sur les lois. Les suffrages sur les lois sont donnés « par *oui* et par *non.* » Singulière obligation imposée à toute une nation de surseoir à ses affaires pour légiférer sans trêve ni merci ! Il est à croire que, ce régime ayant quelque durée, le droit législatif n'obtiendrait pas une longue préférence des citoyens sensés, et qu'ils abandonneraient bientôt, comblant sans doute ses vœux, à qui pose les questions le soin de les résoudre. Dans des circonstances plus récentes, la masse de la population a senti la bizarrerie et le danger de transformer 10 millions d'électeurs en membres d'un parlement immense, et, mise en demeure, elle s'est empressée vers les solutions, beaucoup moins par goût que par crainte de les discuter.

Dans la question plébiscitaire, il y a d'ailleurs quelque chose de faux et de violent. L'alternative exclut la modification d'aucun des deux termes et bannit une troisième solution peut-être meilleure en elle-même ou préférée de la nation. De quel nom qualifierions-nous un passant qui, plein d'égards, nous arrêterait en disant : « Veuillez sortir votre « bourse. J'entends vous vendre un de ces deux charmants « objets. — Mais je ne désire acheter ni l'un ni l'autre. « — N'importe. Vous ne vous éloignerez pas sans être

« devenu l'heureux possesseur de celui qui mieux vous « agrée. Rendez-moi d'ailleurs cette justice que je ne porte « aucune atteinte à votre liberté, puisque je ne fais pas vio- « lence à votre choix. » Il n'y a pas de moyen de pression plus puissant sur une Chambre que de lui soumettre un budget entier, comme en Prusse, ou des chapitres de budget, comme nous l'avons vu en France, à admettre ou à rejeter, sans faculté d'amendement. C'est la placer entre une solution qu'il conviendrait de modifier, mais qui pourvoit néanmoins aux besoins essentiels de la patrie, et des vœux dont l'expression par un vote, s'il s'agit par exemple d'enrichir les écoles ou de réduire les tribunaux, aurait pour effet de suspendre toute instruction et toute justice. Il y a lieu pour un peuple, quand une révolution a fait place nette, d'adopter par un plébiscite l'une des deux formes de gouvernement qui se partagent le monde civilisé. La question est de celles qui, par exception, sont vraiment restreintes à deux seuls termes possibles. Le plus souvent, les honneurs rendus à la souveraineté populaire consistent à montrer combien on en tient compte, puisque, selon la coutume des courtisans, on la déçoit en la flattant. Ils rappellent, entre autres hommages du même genre que Napoléon Ier n'a jamais refusés à l'imagination crédule de la France, son langage aux treize journaux qu'il laissa survivre à la suppression de tous les autres. Il les avertit qu'ils disparaîtraient s'ils se permettaient de publier un mot contre la *souveraineté* du peuple. « Nous avons vu, disait le Censeur sous la Restauration, que « le peuple souverain pouvait sanctionner des Constitutions « très-peu favorables à la liberté et se donner des chaînes « au moment même où il usait de sa toute-puissance. Nous « avons vu que les temps où l'on rendait les plus pompeux « hommages à sa souveraineté étaient aussi ceux où il était « opprimé avec le plus de violence. » D'autres n'ont-ils pas vu, depuis, les mêmes choses?

L'action directe de la nation semble-t-elle maintenant de telle nature qu'il faille la substituer au système de la représentation par des Chambres, ou qu'elle doive même, à l'état régulier, venir en partage et en concours avec lui? Il est presque superflu de le dire, les deux doctrines s'excluent. Passer sur la tête d'Assemblées existantes pour interroger directement la volonté populaire, c'est donner à croire qu'on estime sans valeur la délégation consentie. Des Chambres ont-elles souffert cette atteinte à leur dignité et à leur droit, alors vraiment, mais de leur fait, le mandat représentatif n'a plus autorité et vigueur en leurs mains que pour les solutions secondaires qu'il plaît au pouvoir de leur abandonner.

Nous devons encore nous demander si les *sénatus-consultes*, comme l'apparence du mot pourrait en maintenir quelque part l'illusion, sont en effet une attribution normale et essentielle d'un Sénat. Le droit qu'ils supposent n'est rien moins que la possession permanente du pouvoir constituant. Il est de règle, chez les peuples éclairés, que leurs institutions ne peuvent être modifiées que du fait ou de l'aveu de tous les pouvoirs qui en dérivent. La détention par l'un d'eux d'une faculté tellement exceptionnelle constitue une menace incessante pour les libertés et pour les organes de la nation. Autant il importe que l'autorité des Chambres soit soustraite à l'action destructive des plébiscites, autant il convient de ne fournir au Sénat aucun moyen d'abaissement des autres pouvoirs qu'il est appelé à régler dans leur marche, et non pas à dominer ou détruire.

La dépendance du Sénat et sa faiblesse à tous autres égards ont seules décidé le premier et le second Empire à lui accorder une telle prérogative. Rœderer, peu suspect de sévérité pour une époque dont il fut un des personnages les mieux traités et les plus considérés, a écrit avec une sincérité tardive : « A dater de ce jour (la Constitution de l'an X), « le Sénat devint la plus manifeste, la plus authentique « agence de gouvernement pour les élections, et la liberté « était détruite ».

En 1804, le Sénat lui-même reconnaissait ce qui lui faisait

défaut, car, en échange de la couronne impériale héréditaire posée par lui sur la tête de Napoléon, il sollicita, entre autres droits, l'initiative des lois, ou du moins le *veto*, et l'institution dans son sein de deux commissions pour protéger la liberté de la presse et la liberté individuelle. Il sut se résigner à un refus et goûter les douceurs d'une somptueuse inertie.

Aux heures difficiles, une Assemblée peut-elle s'élever jusqu'aux devoirs suprêmes si, dans le cours régulier de son existence, elle n'a pas suffi à une tâche plus légère? Pour échapper à l'abdication du silence et tenter de survivre à l'Empire, le Sénat formula contre le souverain vaincu un arrêt de déchéance plein de cruelles vérités, mais dont sa complicité lui interdisait l'expression. Aussi, deux jours après, Napoléon le foudroyait-il en ces termes dans une proclamation : « Le Sénat ne rougit pas de faire des reproches « à l'Empereur, sans remarquer que, comme premier corps « de l'État, il a pris part à tous les événements. Le monde « entier sait que l'Empereur n'avait pas besoin d'artifices. « Un signe de sa part était un ordre pour le Sénat, qui tou- « jours faisait plus qu'on ne désirait de lui. »

Ce discrédit rendit facile aux conseillers du roi Louis XVIII d'éluder le traité consenti au Sénat et à M. de Talleyrand, et compromit ainsi plusieurs idées constitutionnelles dont l'insuccès était un malheur.

L'histoire de notre pays ne nous a encore offert, à cette date, aucun exemple d'une seconde chambre participant à la confection des lois, ni même exerçant par d'autres voies sur la politique une part d'influence. Pour la première fois, avec la Charte de 1814, nous avons possédé cette condition du régime parlementaire. Avant de traiter de cette Charte et de son action, au point de vue qui nous occupe, durant les dix mois de la première Restauration, qu'il me soit permis d'indiquer la solution de l'acte additionnel. A défaut de résultats pour lesquels le temps lui a manqué, sa préparation et ses caractères méritent notre attention.

Acte additionnel.

Le titre de *Chambre des pairs*, adopté par la Charte de 1814, fut maintenu. La Charte avait attribué au Roi la faculté de conférer aux pairs l'hérédité ou de les nommer à vie. Sous l'empire de l'acte additionnel, il cessa d'exister deux sortes de pairs; ils furent tous héréditaires.

Napoléon avait cependant fait de fortes objections contre cette hérédité : « Où voulez-vous, dit-il, que je trouve les « éléments d'aristocratie que la pairie exige ? Les anciennes « fortunes sont renversées; plusieurs des nouvelles sont « honteuses; cinq ou six noms historiques ne suffisent pas. « Sans souvenirs, sans éclat historique, sans grandes pro- « priétés, sur quoi ma pairie sera-t-elle fondée ? Celle d'An- « gleterre est tout autre chose; elle est au-dessus du peuple, « mais elle n'a pas été contre le peuple. Ce sont les nobles « qui ont donné la liberté à l'Angleterre. La grande Charte « vient d'eux; ils ont grandi avec la Constitution et font un « avec elle. Mais, d'ici à trente ans, mes champignons de « pairs ne seront que des soldats ou des chambellans; l'on « ne verra en eux qu'un camp ou une antichambre. » En tenant ce langage plein de force et de vérité, Napoléon ne voyait-il que la difficulté de créer une Assemblée indépendante et puissante, ou bien ses habitudes d'autorité ombrageuse ne lui faisaient-elles pas craindre aussi de réussir dans cette expérience au-delà de son attente ? Il est permis d'admettre cette impression pour une part dans les paroles de l'Empereur, quand on le voit ailleurs, plus convaincu de la nécessité d'une haute Assemblée que des obstacles parmi nous à son existence, comparer une Constitution sans aristocratie à un ballon perdu dans les airs : « On dirige, disait-il, « un vaisseau, parce qu'il y a deux forces qui se balancent. « Le gouvernail trouve un point d'appui; mais le ballon est « le jouet d'une seule force : le point d'appui lui manque, « le vent l'emporte et la direction est impossible. »

Outre l'indépendance, qu'en dépit de pronostics intéressés la Chambre des pairs eût puisée dans l'hérédité à mesure qu'elle se serait éloignée de sa formation au choix du souverain, elle recouvrait, par l'exercice du pouvoir législatif en commun avec la Chambre des représentants et la Couronne, une garantie d'influence. Quelles que fussent les intentions de l'Empereur, quels qu'eussent été ses actes en cas de retour de la fortune, il convient de reconnaître que, sous l'inspiration de Benjamin Constant et de l'opinion publique, il avait accepté les principes essentiels du gouvernement parlementaire.

Une des retouches apportées en 1815 à la Charte de 1814 enleva au Roi la faculté de créer à son gré des pairs héréditaires ou à vie. Le parti libéral réclamait hautement contre ce droit. Les préférences royales lui semblaient un moyen d'action sur les pairs, et la distinction qui en résultait un élément de trouble dans la Chambre. Le Roi, d'autre part, trouvait quelque ridicule ou éprouvait quelque ombrage à consacrer jusqu'à l'hérédité l'avénement de certains personnages trop bourgeois. Mais Louis XVIII était éclairé et savait compter avec les circonstances et les opinions. Il céda. Charte de 1814.

Les attributions de la Chambre des pairs étaient ainsi réglées : Art. 17. « La proposition de loi est portée, au gré « du Roi, à la Chambre des pairs ou à celle des députés, « excepté la loi de l'impôt, qui doit être adressée d'abord à « la Chambre des députés. » — Art. 18. « Toute loi doit être « discutée et votée librement par la majorité de chacune « des deux Chambres. » Les articles 19, 20 et 21 reconnaissent et règlent, en termes enveloppés et gothiques qui portent leur date et même une date antérieure, le droit d'initiative des Chambres, avec la restriction de la non-publicité de discussion.

En somme, et en attendant les quelques corrections de forme et de fond encore désirables, la Charte de 1814 semblait pouvoir procurer à la France la réalité du gouvernement représentatif.

Les progrès que la Révolution de 1830 eut à réaliser Charte de 1830.

consistèrent surtout dans les changements de ton et de style, la suppression de la formule de droit divin au début de la Charte, la plénitude du droit d'initiative dans les Chambres, enfin et surtout les aptitudes et tendances plus parlementaires des hommes qu'elle amenait au pouvoir, sur le trône et dans les Assemblées.

Mais, en ce qui touche spécialement la Chambre des pairs, on peut dire après le vote, en 1831, de l'article 27 de la Charte par lequel la pairie devenait viagère et restait à la nomination du roi, que celle de la Restauration avait possédé plus de garanties d'indépendance et de puissance.

Rôle de la Chambre des pairs, pendant la Restauration et le Gouvernement de Juillet.

On peut néanmoins embrasser dans le même examen le rôle de la Chambre des pairs durant ces deux périodes du régime parlementaire. Quels services a-t-elle rendus? Quels mérites lui ont manqué?

L'auteur de la Constitution de 1852 a cru pouvoir qualifier l'ancienne Chambre des pairs de « *pâle reflet* de la « Chambre des députés, répétant à quelques jours d'inter- « valle les mêmes discussions sur un autre ton ». Pour qu'on essayât d'accréditer une telle définition, il n'était pas nécessaire qu'elle fût vraie, mais il fallait du moins qu'elle répondît à une opinion quelque peu répandue et populaire, peut-être seulement à des critiques souvent reproduites.

Si les Assemblées empruntaient leur valeur et leur influence au seul éclat du talent et à l'étendue des lumières, il est connu de quiconque a suivi ou consulté les débats parlementaires de 1815 à 1848, que la Chambre des pairs, bien loin d'avoir été un *pâle reflet* de la Chambre élective, se serait montrée, *dans l'ensemble* de ses membres, plutôt supérieure.

Mais ce n'est guère par la hauteur de raison, ni même par les triomphes oratoires qu'une Chambre se met en communication avec l'esprit public, qu'elle obtient son attention et agit sur lui. Plus les discussions s'élèvent, moins nombreux est le public qui les suit. C'est ainsi que les savants mais paisibles travaux des Académies captivent de rares esprits curieux de vérité. La foule se porte vers les théâtres où ses passions et ses intérêts, personnifiés en des noms populaires, font assaut de pathétique et d'habileté, plus que de persuasion et de science. De même encore dans la nature, on rencontre des régions plus froides en montant vers la lumière.

Il n'y a de courants réciproques entre une nation et ses Assemblées que si leurs membres traitent les affaires dans les formes et l'esprit qui ont cours, et si l'opinion reconnaît en eux les organes d'une importante fraction du pays. Mais ces deux choses ne se séparent guère.

L'élection a pour résultat forcé de reproduire dans une Assemblée les tendances, les défauts ou qualités des électeurs. Mais il peut se faire que sans procéder de l'élection, avec le concours du temps, des mœurs et d'une étroite alliance d'intérêts puissants, une chambre obtienne l'adhésion et le respect des opinions mêmes qu'elle modère et contient. C'est le cas de la Chambre des lords. Quand on la compare à la Chambre des pairs de la Restauration, on voit que, grâce à d'autres garanties nombreuses de stabilité et d'influence, l'idée patricienne peut s'y montrer sans inconvénient moins exclusive. En effet, la Chambre haute de la Grande-Bretagne n'est pas entièrement héréditaire. Les lords, du droit de leur charge, sont à vie ; et il est pourvu aux pairies d'Écosse par élection des lords écossais, pour la durée du Parlement, à celles d'Irlande par élection à vie. Le clergé anglican, la haute magistrature, la grande propriété et la grande industrie, y trouvent, comme la noblesse, représentation et appui. Mais si tous les membres n'ont pas même origine, ils ne diffèrent pas essentiellement d'esprit. Leur commune tendance est aristocratique, si l'on entend par cette expression un égal attachement aux choses élevées et *respectables*.

Personnifier les intérêts et les idées de la noblesse de l'ancien régime ou de l'Empire, ne pouvait être sous la

Restauration une source immédiate de puissance. Leur donner force et vigueur, tel était le problème. Le succès était-il possible? On l'a dit d'une manière sans doute trop absolue, une institution aristocratique ne refait pas une aristocratie. Il faut, il est vrai, une grande et longue sagesse de la part des hommes qui la composent et de ceux qui l'acceptent. Si le temps avait été moins compté à notre pairie héréditaire, elle eût peut-être, à force de services et de talents, pu s'acquérir influence sur une portion du public devenu bienveillant et reconnaissant. Les destinées de la Restauration pouvaient être prolongées. Il eût suffi non de faire des choix heureux, mais d'éviter des aveuglements presque *introuvables* et légendaires. La Chambre des pairs, en ce cas, se fût-elle élevée, je ne dis pas à de plus nobles sentiments que les siens, je leur rends hommage, mais à la hauteur de la science politique dont Rome, Venise et l'Angleterre ont fourni des exemples? Le génie français et un peu plus que français de notre noblesse du dix-huitième siècle se fût-il réglé, eût-il gagné en gravité et en profondeur ce qu'il aurait perdu en grâce et en surface? Les familles de pairs ou tout au moins les membres politiques de ces familles se fussent-ils soustraits à l'influence des milieux où l'ancien caractère aurait persisté? J'indique ces questions sans prétendre les résoudre.

Le public, j'entends la partie du public en situation de juger, eût-il tenu compte des efforts à comprendre l'opinion et à la servir dans ses exigences légitimes? Il faut des connaissances et de la réflexion pour découvrir et apprécier les desseins dont le mérite est d'être mûris en silence et suivis avec tenacité. On s'est dégagé des mesquines préoccupations égalitaires quand on reconnaît combien la sécurité de fortune, l'éducation qu'elle permet, les loisirs d'esprit qu'elle procure, et jusqu'à la prévoyance qu'elle exige, sont nécessaires à quiconque doit préparer dans le présent l'avenir du pays. Nos progrès démocratiques nous eussent peut-être éloignés plus que rapprochés de ces mœurs.

Dans aucune sphère, d'ailleurs, le caractère national n'a penché vers l'estime ou la pratique des qualités sérieuses par lesquelles les aristocraties romaine, vénitienne et anglaise sont devenues un des instruments de grandeur nationale les plus puissants qu'il y ait eu.

Quoi qu'il en soit, le public ne vit dans la pairie héréditaire, telle qu'elle se maintint durant sa courte période d'existence, qu'un groupe de personnalités plus ou moins importantes, les débris d'une classe plus suspectée que puissante, et non l'image d'une partie florissante et agréée de la nation.

La pairie de la Restauration n'avait pu entrer dans la plénitude de sa liberté et l'efficacité de son rôle, ses membres étant trop récemment sortis du choix du souverain et non encore de la dévolution héréditaire. Cette situation ne fit que s'accentuer sous le gouvernement de Juillet. Les pairs fraîchement nommés se trouvaient, par convenance ou pli contracté, soumis à la préoccupation de se souvenir, et de plus l'avenir de familles que leur mort devait laisser sans droit et sans appui leur imposait un nouveau souci. Cette Chambre correspondait plus que la précédente à des intérêts puissants et à des idées répandues. Mais l'Assemblée élective issue du suffrage censitaire, en offrait la représentation non moins fidèle, plus vivante, prenant régulièrement le mot, enfin, plus autorisée, quoiqu'elle-même contestée, à parler au nom du pays. C'étaient des causes de faiblesse pour la pairie que de faire double emploi avec la députation par la communauté des inspirations, et d'en être l'écho évoqué par une autre voix que celle de la nation.

Portées dès le début ou parvenues plus tard à la situation qu'elles devaient occuper, les Chambres des pairs eussent-elles réussi à prévenir nos révolutions? Il n'est pas d'intervention qui, une fois les fatales Ordonnances de Juillet rendues, eût pu empêcher le conflit; et je ne sais si un pouvoir modérateur, aussi prudent et résolu qu'on le suppose, eût éclairé et retenu un prince pour lequel vingt-cinq ans d'exil et d'infortune n'avaient pas été une suffisante leçon.

Il est permis d'admettre, au contraire, que la Chambre des lords, avec son crédit et son expérience, eût sauvé la monarchie de Juillet. L'agitation tendait à une extension du droit de suffrage. Tant qu'il n'y avait en jeu que le corps censitaire, défenseur naturel de son influence, les députés, expression de ses volontés, enfin le ministère procédant encore de lui par l'intermédiaire de la Chambre, quelle issue pouvait s'ouvrir à une concession? Aucune mesure ne s'impose à l'esprit de sacrifice dans les questions d'ordre privé; mais il est naturel que chacun hésite s'il s'agit de l'appliquer à une faculté partagée avec un grand nombre de citoyens. Il était dangereux qu'il dépendît exclusivement des plus intéressés dans la lutte d'enlever ses motifs ou ses prétextes à l'émotion populaire.

La Chambre des lords, en semblable circonstance, a laissé les chefs du parti tory prendre en main pour les réaliser des réformes plus graves. Elle crut ses intérêts territoriaux compromis par le libre commerce des céréales; elle n'a pas perdu sans regret les siéges que les anciennes lois électorales lui assuraient dans la Chambre des communes. Mais elle sait les avantages d'une initiative hardie; et moins touchée de l'atteinte à des intérêts, pour elle secondaires, que du salut commun, elle s'applique, par-dessus tout, à conserver l'ensemble de la situation et le repos du pays. De quel prix eût été pour nous une telle intervention de la Chambre des pairs? Le suffrage universel, mal inspiré dans ses actes aussi bien d'opposition que de confiance, n'eût pas donné aux hommes d'état, agents de notre abaissement moral et de nos désastres, l'argument trop fondé des menaces anarchiques et sa constante approbation.

République de 1848. Résultat de l'unité de Chambre.

L'Assemblée constituante de 1848, par 530 voix contre 289, adopta l'unité de chambre. J'apprécierai ailleurs le caractère et les arguments de la discussion. Je m'en tiens pour le moment aux effets pratiques, aux conséquences du principe admis. Le rapport sur la Constitution exprima la crainte qu'une seconde chambre ne fournît, le cas échéant, un point d'appui à qui voudrait tenter un coup d'état. La simple réflexion eût dû faire penser le contraire. Comment une Chambre trouverait-elle avantage à la concentration de tous les pouvoirs entre les mains d'un dictateur ? N'est-ce pas la confiscation de ses droits et la ruine de son honneur ? La plus vulgaire expérience enseigne qu'il n'est pas à cela de compensation réelle ni durable. Les garanties de l'autorité une fois disparues, le profit des dotations ou des faveurs s'évanouit bientôt avec l'institution, désormais condamnée à une chute certaine. Aussi faut-il, à moins de raisonner sur de tristes exceptions humaines, estimer très-supérieures les probabilités pour qu'une seconde chambre, en cas d'intentions usurpatrices de la part du pouvoir actif, devienne un auxiliaire de la résistance et non pas un complice. M. Marrast a rappelé le Conseil des Anciens. Il devait pourtant savoir qu'au 18 Brumaire, cette Assemblée fut entraînée bien au-delà de ses prévisions et qu'elle s'était confiée à la modération de Sieyès et non à l'ambition du général Bonaparte. Ce que voulaient les Anciens, nous l'avons dit ; ce n'était pas la dictature militaire, mais la substitution d'un état de choses régulier aux désordres du Directoire. L'événement de 1851 a infligé un démenti ironique à cette opinion singulière qu'il est plus aisé de s'emparer de deux personnes que d'en arrêter une, et plus difficile de mettre la main sur une seule Chambre que sur deux grandes Assemblées. Il est sensible, au contraire, qu'un plus grand nombre de bouches à fermer, d'hommes importants à détenir et humilier, eût fait hésiter dans l'entreprise, ou nécessité un surcroît de mesures dont une seule, en avortant, pouvait tout compromettre.

Sénat du second Empire.

Le Sénat du dernier Empire n'a pas été une seconde chambre. On peut, en grande partie, lui appliquer, touchant sa formation et ses attributions, ce qui a été dit du Sénat de Napoléon I^er^. La réforme constitutionnelle de Mai 1870 lui a rendu, trop tard pour qu'il ait pu même un jour en faire usage, la participation à l'action législative. Mais, quelle que fût d'ailleurs la haute valeur de certains de ses membres, les torts de son passé et le vice persistant de sa formation l'eussent privé longtemps encore d'activité intérieure et d'influence sur le pays. En deux occasions suprêmes, il a trahi ce que l'incertitude ou l'insuffisance de sa situation avait de pénible pour lui-même. Au début de la guerre de 1870, il espéra que des succès militaires allaient rendre prestige et vigueur au système passé, le seul avec lequel il pût conserver des liens, et qu'ainsi, à défaut de puissance propre, il retrouverait, dans celle du souverain, la garantie de son existence et de son crédit. Ainsi s'expliquent des manifestations bruyantes que le patriotisme ne réclamait pas. Qui donc remplira le devoir ingrat parfois, mais d'autant plus rigoureux, de se modérer soi-même et de dégager la réalité des illusions communes, si l'Assemblée à laquelle s'impose l'obligation de savoir et d'éclairer, donne le plus flagrant exemple d'imprévoyance et d'entraînement?

Puis, les désastres venus, quand l'Empire s'effondra, le Sénat, convaincu de sa perte, eut à son honneur la préoccupation de disparaître en Assemblée comptant dans le pays. Ce désir ne supposait pas le regret de l'attitude passée, mais il put le faire naître. Il aboutit à une déception. Les sénateurs attendirent en vain une atteinte contre laquelle ils pussent protester et défendre la Constitution; ils ne virent rien venir. Si les circonstances avaient été moins tristes, les quelques personnes dont ce spectacle obtint l'attention, n'eussent pu se défendre d'un sourire.

Comment une seconde chambre et le régime parlementaire eussent épargné à la France ses derniers malheurs.

Se demander quels services aurait rendus au pays et à l'Empire une seconde chambre, revient à savoir si le régime parlementaire nous eût conduits aux abîmes où nous sommes plongés. A cette dernière question, je réponds non hardiment. La prudence de ce régime eût sans doute privé la France à certaines heures des vains dehors de la prépondérance. Les avertissements de M. Thiers eussent été écoutés par des Chambres en situation de distinguer et remplir leur devoir. A la lumière d'investigations patientes et d'interrogations péremptoires, notre organisation militaire n'eût pas été sourdement minée, ou du moins le secret de notre faiblesse ne serait pas resté entre le souverain et des ministres spéciaux aveugles jusqu'au prodige. Notre diplomatie n'eût pas mérité l'amère ironie des félicitations italiennes, allemandes et russes, pour sa thèse des grandes nationalités et pour celle, plus mémorable encore, des trois tronçons. Bref, nous n'eussions découvert aucune *idée* supérieure pour la France à *l'idée française*. Tout s'est enchaîné. L'Italie nous a poussés à laisser tomber l'Autriche et grandir la Prusse. La France, se gouvernant elle-même, n'eût jamais follement détesté une puissance lointaine, plus utile que menaçante, et secondé de son abstention et de ses vœux l'ennemi acharné dont par malheur les frontières se trouvaient et restent encore en contact avec les nôtres.

Services rendus par nos Chambres des pairs, quoique imparfaites.

Mais, en France même, l'utilité de la seconde chambre ne se démontre pas uniquement par les inconvénients de son absence ou de ses imperfections.

Durant les trente années de la Restauration et du Gouvernement de Juillet, la Chambre des pairs n'a jamais été nuisible, souvent elle a été utile. A aucun moment de la Restauration, elle n'a exagéré les prétentions d'ancien régime comme le fit la Chambre élective de 1815 ou celle du ministère de M. de Villèle. A ce point que, de 1823 à 1827, par réaction d'indépendance et de bon sens contre les entraînements de la Députation et du Corps électoral, elle devint le refuge des saines idées libérales.

De 1830 à 1848, plusieurs grandes lois, et des meilleures de l'époque, sortirent des délibérations laborieuses et savantes de la Chambre des pairs et furent portées ainsi préparées devant la Chambre des députés. Les lois de 1833 et de 1838 sur les conseils généraux sont de ce nombre. Enfin les deux Chambres des pairs ont souvent apporté aux lois qu'elles ont revisées des améliorations étudiées et réfléchies que la Chambre élective et l'expérience après elle ont ratifiées; jamais elles n'ont fait obstacle à des volontés, à des principes essentiels dont le pays par ses représentants leur proposait l'expression.

Importance d'une seconde chambre au point de vue de l'harmonie et de l'emploi des forces sociales.

Il a paru à beaucoup d'esprits éminents que la pondération, l'harmonie des diverses parties de la société aussi bien que l'équilibre des pouvoirs politiques, réclament une seconde chambre. On disait, en 1831, dans la discussion sur l'hérédité de la pairie : Nous avons à refaire une société en même temps qu'une constitution. Si jamais une aussi haute prétention a été justifiée, c'est à coup sûr après la terrible crise que nous venons de traverser. Il y a déjà quarante ans, aucun des esprits distingués de cette époque ne mettait en doute que notre ordre social n'eût besoin d'être raffermi, et qu'une seconde chambre ne fût un élément important de réorganisation et de stabilité. Aussi, dans le débat devant la Chambre élective, alors qu'aucun des dissentiments existants ne se faisait faute de se produire, personne n'éleva la voix pour contester le principe posé par la Charte. Un publiciste qui a fait honneur à la presse hardiment libérale, M. Armand Carrel, se prononçait dans le même sens. En 1848, les partisans d'une seconde chambre, moins nombreux et moins secondés par l'opinion qu'en 1831, insistèrent avec d'autant plus de raison sur les lacunes de nos mœurs publiques mises en lumière par les événements. Je ne voudrais pas affirmer que le mal se soit accru, mais il subsiste.

Essayons d'en reconnaître le caractère. Puis nous verrons comment les hommes politiques, diversement impressionnés par les mêmes phénomènes ou s'attachant plus spécialement à certains d'entre eux, ont cherché la solution dans des voies différentes. A ces voies correspondent les modes suivant lesquels une seconde chambre peut être formée.

Notre siècle n'est pas le premier qui ait connu la démocratie. La France n'est pas le seul pays où elle domine, et ce n'est pas d'hier qu'elle y fleurit. Quand M. de Serre, trente années après la Révolution, montrait la démocratie « coulant à pleins bords », il trouvait une belle image, mais non une vérité nouvelle. Les traits constants de la démocratie, ses mérites et ses défauts peuvent donc se dégager avec précision de son histoire déjà vieille, et du champ étendu sur lequel elle poursuit son œuvre.

Comment la démocratie trouble l'harmonie sociale.

M. Guizot a décrit une société démocratique « celle où « il n'y a plus de hautes barrières, plus de longues distances, « plus d'obscurités mutuelles ». C'est le fait commun à toutes les nations démocratiques. En proportion de la chaleur des imaginations, il ouvre des perspectives inconnues et éveille des attentes infinies ; il développe les passions les plus généreuses et les plus jalouses du cœur de l'homme. En outre, pour la France, le souvenir d'anciens griefs renouvelle sans cesse, de part et d'autre, des défiances exagérées et des torts réels.

Avant d'être en démocratie, les individus ne demandent qu'à se trouver tous placés à égale portée des avantages dont ils ont été jusqu'alors indûment écartés. Mais, à peine échappés à la fiction, quelques-uns voudraient la faire renaître à leur profit. Mal satisfaits du résultat de la liberté présidant aux efforts de chacun et au cours normal des choses, ils songent à le modifier, dût-on sacrifier le droit d'autrui et forcer les lois de la nature. Ici se présentent les obstacles : la propriété fruit du labeur et de l'épargne, la famille par laquelle s'opère la transmission naturelle des biens acquis, les religions qui consacrent les actes accomplis dans ces voies et condamnent les tentations et les œuvres en opposition avec elles. L'objet de la résistance en ces matières, c'est l'obtention du respect et de la durée. Or, la persistance des idées porte le nom populaire de tradition. Sa puissance est celle des habitudes, transportée de l'individu aux générations.

De l'influence de la pairie héréditaire sur l'esprit de respect et de tradition.

Placer la tradition sous forme d'hérédité de la pairie au faîte des institutions, c'était, selon les orateurs de 1831, fortifier d'un exemple et d'une consécration grandioses les éléments traditionnels que la société renferme et doit contenir. Quand ils ont épuisé les arguments en faveur de l'hérédité, sous le rapport de l'indépendance des caractères et de la suite dans les desseins politiques, ses défenseurs aboutissent d'ordinaire à cette considération. Je la trouve formulée par M. Guizot, avec sa hauteur habituelle de philosophie : « Nous sommes « tous, disait-il, et les générations et les individus, le résul- « tat de deux éléments, l'un de tradition, qui est l'œuvre « du temps et des personnes qui nous ont précédés; l'autre « de création, qui est notre propre ouvrage. C'est de la « bonne combinaison de ces deux éléments que résulte la « bonne organisation des sociétés. Si le principe d'hérédité « prévaut seul, s'il y domine exclusivement, vous avez « l'immobilité; c'est le régime des peuples de castes. Si « c'est l'individualité qui y domine presque seule, vous « avez l'isolement. Point de liens avec le passé, point d'a- « venir; c'est le régime des peuplades errantes et barbares. »

Il serait sans objet de produire et de discuter les objections contre l'hérédité, en tant que moyen de former une seconde chambre. Devenue presque impossible en 1831, elle le serait sans doute tout à fait aujourd'hui. J'ai dit comment l'aristocratie, jadis contre le pouvoir absolu du roi, depuis contre les excès de la Révolution, a négligé de tenir le langage et la conduite d'une haute classe politique. Serait-ce dans l'éloignement des affaires qu'elle s'y serait préparée et qu'elle en aurait contracté le goût? On réussit dans l'adjonction à une noblesse vivante d'éléments nouveaux que l'opinion consacre : ainsi en Angleterre. Mais on ne saurait rendre la vie à celle qui a péri, et bien moins encore la remplacer par une autre. La vive lumière de la publicité et l'ironie des frondeurs sont trop cruelles pour ce qu'il y a de gauche dans tous les débuts, surtout dans les débuts de ce genre. Avec les dispositions égalitaires de nos codes en matière de succession, d'où résulte l'impossibilité d'une puissance héréditaire de fortune, comment seraient assurées les préparations et les libertés nécessaires à la vie politique? L'hérédité sénatoriale, ayant peine à se soutenir elle-même, protégerait mal les éléments traditionnels dont on voudrait la faire le palladium. Elle ne serait après tout qu'une institution politique, prêtant comme telle à des agressions plus passionnées et plus permises. Les principes de droit naturel ne pourraient que perdre à des assimilations et rapprochements inexacts et inopportuns. Mieux vaut un argument omis qu'un argument compromettant. Ces principes sont-ils d'ailleurs, dans notre société, gravement menacés? Certes, les assauts ne leur sont pas épargnés; mais je ne sais si la lutte même n'a pas accru leur force en formant à la résistance la volonté et le courage de leurs défenseurs.

Tendance de la démocratie à priver le corps social des services de ses membres les plus éclairés ou les plus éminents.

D'un autre point, selon moi, vient le danger auquel une seconde chambre doit pourvoir, sous peine pour la société française de s'abaisser encore et de courir follement à toutes les aventures. Je ne puis le faire mieux connaître qu'en mettant sous les yeux du lecteur une belle page de M. de Tocqueville. Écrite en 1833, elle a encore gagné en à-propos : « Bien des gens, en Europe, croient sans le dire, ou disent « sans le croire, qu'un des grands avantages du vote univer- « sel est d'appeler à la direction des affaires des hommes « dignes de la confiance publique. Le peuple ne saurait se « gouverner lui-même, dit-on, mais il veut toujours sincè- « rement le bien de l'État, et son instinct ne manque guère « de lui désigner ceux qu'un même désir anime et qui sont « les plus capables de tenir en main le pouvoir.

« Pour moi, je dois le dire, ce que j'ai vu en Amérique « ne m'autorise point à penser qu'il en soit ainsi. A mon « arrivée aux États-Unis, je fus frappé de surprise en décou- « vrant à quel point le mérite était commun parmi les gou- « vernés, et combien il l'était peu chez les gouvernants.

« C'est un fait constant que, de nos jours, aux États-Unis, « les hommes les plus remarquables sont rarement appelés « aux fonctions publiques, et l'on est obligé de reconnaître « qu'il en a été ainsi à mesure que la démocratie a dépassé « toutes ses anciennes limites. Il est évident que la race des « hommes d'état américains s'est singulièrement rapetissée « depuis un demi-siècle.

« On peut indiquer plusieurs causes de ce phénomène. « Il est impossible, quoi qu'on fasse, d'élever les lumières « du peuple au-dessus d'un certain niveau. On aura beau « faciliter les abords des connaissances humaines, améliorer « les méthodes d'enseignement et mettre la science à bon « marché, on ne fera jamais que les hommes s'instruisent « et développent leur intelligence sans y consacrer du temps.

« Le plus ou moins de facilité que rencontre un peuple « à vivre sans travailler forme donc la limite nécessaire de « ses progrès intellectuels. Cette limite est placée plus loin « dans certains pays, moins loin dans certains autres; mais, « pour qu'elle n'existât point, il faudrait que le peuple n'ait « point à s'occuper des soins matériels de la vie, c'est-à-dire « qu'il ne fût plus le peuple. J'admettrai sans peine que la « masse des citoyens veut très-sincèrement le bien du pays; « je vais même plus loin, et je dis que les classes inférieures « de la société me semblent mêler, en général, à ce désir « moins de combinaisons d'intérêt personnel que les classes « élevées; mais ce qui leur manque toujours plus ou moins, « c'est l'art de juger des moyens tout en voulant sincère- « ment la fin. Quelle longue étude, que de notions diverses « sont nécessaires pour se faire une idée exacte du caractère « d'un seul homme! Les plus grands génies s'y égarent, et « la multitude y réussirait! Le peuple ne trouve jamais le « temps et les moyens de se livrer à ce travail. Il lui faut « toujours juger à la hâte et s'attacher au plus saillant des « objets. De là vient que les charlatans de tous genres « savent si bien le secret de lui plaire, tandis que, le plus « souvent, ses véritables amis y échouent.

« Du reste, ce n'est pas toujours la capacité qui manque « à la démocratie pour choisir les hommes de mérite, mais « le désir et le goût.

« Il ne faut pas se dissimuler que les institutions démo- « cratiques développent à un très-haut degré le sentiment « de l'envie dans le cœur humain. Ce n'est point tant parce « qu'elles offrent à chacun des moyens de s'égaler aux « autres, mais parce que ces moyens défaillent sans cesse « à ceux qui les emploient. Les institutions démocratiques « réveillent et flattent la passion de l'égalité sans pouvoir « jamais la satisfaire entièrement. Cette égalité complète « s'échappe tous les jours des mains du peuple au moment « où il croit la saisir, et fuit, comme dit Pascal, d'une fuite « éternelle. Le peuple s'échauffe à la recherche de ce bien « d'autant plus précieux qu'il est assez près pour être connu, « assez loin pour n'être point goûté. La chance de réussir « l'émeut, l'incertitude du succès l'irrite; il s'agite, il se « lasse, il s'aigrit. Tout ce qui le dépasse par quelque endroit « lui paraît alors un obstacle à ses désirs, et il n'y a pas de « supériorité si légitime dont la vue ne fatigue ses yeux.

« Beaucoup de gens s'imaginent que cet instinct secret, « qui porte chez nous les classes inférieures à écarter autant « qu'elles peuvent les supérieures de la direction des affaires, « ne se découvre qu'en France; c'est une erreur. L'instinct « dont je parle n'est pas français, il est démocratique; les « circonstances politiques ont pu lui donner un caractère « particulier d'amertume, mais elles ne l'ont pas fait naître. »

Sauf de rares et courtes exclusions, le suffrage censitaire n'a pas tenu à l'écart de mérite éminent dont la Chambre et lui-même pussent s'honorer. Alors même que le courant général n'était pas dans leur sens, les hommes d'une grande valeur trouvaient pour leur ouvrir un passage, ou des adhérents en majorité dans quelque collége, ou des dissidents ramenés à eux par l'attrait de leur nom. L'échec qui frappa au cœur M. de Serre fut un triste et mémorable accident. Il n'est pas de parti, même celui de ses détracteurs, auquel le régime censitaire n'ait fourni ses meilleurs combattants. Les quelques hommes politiques qui se sont produits depuis cette époque avaient été déjà distingués ou n'en furent pas contemporains. On ne peut reprocher au régime censitaire cette situation humiliante et dangereuse dont le suffrage universel a été l'auteur ou l'instrument, l'exclusion d'un grand nombre, je pourrais dire du plus grand nombre de nos illustrations. En dehors des sommités desquelles la Chambre recevait direction ou prestige, son niveau intellectuel fut élevé. En se reportant à ses discussions, on est obligé de le reconnaître; il n'est presque aucun discours qui ne témoigne de connaissances étendues. Le souffle et la largeur de caractère qui expliquent les aspirations d'autrui et portent à y déférer ont surtout manqué aux Assemblées sorties du régime censitaire.

Quels résultats donna le suffrage universel à ses débuts? Quelques hommes de talent se retrouvent à l'Assemblée constituante de 1848; mais, quoique appartenant aux nuances les plus diverses, également suspects et impopulaires, parce qu'ils ont pour la plupart participé à la vie politique d'une période reniée. On souffre dans son amour-propre national, on craint pour l'avenir à attendre d'un tel passé, à la lecture des manifestes et discours où le ton général se révèle et par où la moyenne des talents se mesure. Souvent, pour le fond et la forme, c'est un plagiat de la première Révolution; mais il n'y a plus pour excuse les tâtonnements de l'inexpérience et l'excitation des grands périls. Souvent encore se trahissent la pure absence de toute préparation politique, ou la défaillance et l'incertitude de la pensée. Pour n'être pas taxé d'exagération, je citerai quelques exemples. Je ne choisis pas arbitrairement, puisque mon sujet lui-même me les fournit et que je les emprunte, non pas à un document ni à un homme sans importance, mais au rapport sur la Constitution, par M. Armand Marrast, alors président de l'Assemblée. Parlant de la dualité des Chambres, le rapporteur écrit : « Nous sommes en France, nous constituons la République

« française. — Nous agissons sur un pays qui a ses mœurs, « son caractère personnel ; nous n'avons à le *costumer*, ni « à l'*américaine*, ni à l'*anglaise*. Plein de respect pour les « autres nationalités, *nous nous abdiquerions en les copiant*. « La *raison émigrée* de Londres ou Washington est *mau-* « *vaise* par cela même qu'elle vient de là. L'argument *hété-* « *rogène* (?) prouverait donc plutôt *contre que pour ; soyons* « *modérés, il ne prouve rien.* » Aux yeux de l'ancien président de la commission de Constitution, « les *souteneurs* « de deux Chambres ont épuisé, pour démontrer ce *deux-là*, « *l'histoire, la dogmatique, l'esthétique* et *le pathétique*. « Ils ont passé les mers ; ils ont remué *les paperasses d'Albion* « et *désarticulé les Amériques*. Pour moi, lorsqu'il s'agit de « décréter une Constitution populaire, *je n'ai que faire* des « *docteurs ;* je me mets simplement *aux écoutes du peuple*. » Oui, on a bien lu, c'est le *président* de la commission la plus considérable de l'Assemblée, la commission de *Constitution*, qui a tenu ce langage. Voici encore par quels jeux ou rapprochements de mots concluants se tranchait sommairement la question qui fait le sujet de cette étude : « La « souveraineté est *une*, la nation est *une ;* dès lors, il ne peut « y avoir qu'*une* Chambre. La France n'a qu'*une* volonté, « et l'on ne comprend pas que, pour exprimer cette volonté, « elle ait besoin de *deux* organes. On a assez vu de Consti- « tutions *danser sur la corde le pied en l'air*. » Dans un pays et dans un siècle qui se prétendent éclairés, ainsi donc se traite le problème constitutionnel, duquel dépendent les destinées de l'État, par les hommes choisis comme les plus dignes de le résoudre ! Pourquoi faut-il que ce pays soit la France !

Combien de citations analogues et plus étranges on pourrait faire, à commencer par la Constitution elle-même avec ses dispositions innombrables, emphatiques et superflues, avec son Préambule où sont décrétées les *vertus publiques* et *privées !* Une Constitution n'a-t-elle donc pas pour unique objet de régler en termes clairs et brefs ce qui justement n'est du domaine ni de la morale éternelle ni des mœurs nationales, à savoir les rapports des pouvoirs publics entre eux et avec les citoyens. En vérité, la morale privée serait bien en danger, s'il lui fallait n'attendre son pouvoir et sa vigueur que de l'approbation de nos constituants. J'ai dit approbation, car il n'est personne encore, de ceux mêmes qui confondent le Décalogue et la Constitution, qui ait songé à *imposer* des *sentiments* et n'ait réservé la sanction de la force aux prescriptions d'ordre public. Un peuple dont nous parlons beaucoup, sans le généralement connaître, et qui nous est sévère, même pour les jugements prétendus flatteurs que nous portons sur lui, les États-Unis, a adopté une Constitution sobre, précise, exempte de toute déclamation. On fut douze ans à la mûrir avant de l'adopter. Aussi est-elle intacte et respectée. Nous avons été les patrons, et nous nous croyons les émules de cette nation qui, née quinze siècles après nous, a devancé de trois ans les déchirements de notre première tentative libérale. Puissions-nous seulement nous montrer aussi simples, aussi réfléchis et aussi constants !

Le suffrage universel fut, il est vrai, mieux inspiré dans la composition de l'Assemblée législative. Pour peu de temps, car ses bonnes intentions furent dispersées au vent du coup d'état. Mais à supposer qu'il faille imputer ses premières erreurs aux surprises de l'inexpérience, n'a-t-il pas, sous l'Empire, mêlé quelque faiblesse de caractère et quelque envie à son défaut de discernement? On ne saurait, certes, omettre, à sa décharge, les instances et les pressions du pouvoir absolu cherchant la docilité dans les candidats aussi bien que dans les agents. De nos deux maîtres, l'un étant tombé, c'est à celui qui tient encore nos destinées dans ses mains qu'il convient de reprocher ses torts. Le régime autoritaire et le suffrage universel se sont souvent rencontrés dans la même aversion des supériorités intellectuelles et sociales? L'un obéissait à un instinct de conservation erroné, mais plausible; l'autre, en refusant le contrôle à son profit, remontait contre toute raison la pente de ses véritables intérêts, pour glisser sur celle de la défiance jalouse, et céder aux mauvais appels de la nature humaine. On sait les cruelles conséquences.

Instruite par le temps et par le malheur, sauf dans certains centres où l'on ne repousse pas les flatteurs, souvent parce qu'on en espère de déplorables services, la nation paraît mieux faire justice de ses courtisans, qu'ils abusent de l'un ou de l'autre de ces mots respectables : Ordre et Liberté. Tenons-nous en garde cependant. C'est assez, c'est trop que nos révolutions et le fractionnement de nos partis éloignent de l'exercice du pouvoir des hommes honorables et de talents éprouvés. L'exclusion que leur passé ou leurs convictions leur imposent, ouvre dans le personnel très-restreint des hommes dignes d'être à notre tête, des vides qui ne se produisent à ce degré chez aucun des peuples nos rivaux. Faut-il encore que la démocratie, insensible, presque hostile à leur mérite, les écarte du contrôle de nos affaires et des corps délibérants où notre intérêt et notre honneur réclament leur présence? Bientôt une forêt s'épuise aux coupes réglées d'arbres que le temps a grandis et dont les vents ont éprouvé les racines. De même une nation n'est pas indéfiniment féconde en mérites, et elle risque que des hommes appelés au hasard ou trop tôt, ne répondent pas à l'attente ou se forment à ses dépens. — Craignons de mériter ces paroles inscrites sur les murs du Conseil d'une petite République : *Exeant sapientes quia deliberandum* (1).

Le danger, on le voit, c'est la déperdition des forces intellectuelles et politiques dont le concours eût évité au pays de grands désastres, et lui est plus que jamais nécessaire pour les réparer. Le danger, c'est l'ostracisme exercé sur ces forces par la démocratie sous l'influence tantôt de son impuissance à les apprécier, tantôt des sentiments défiants qu'elles lui inspirent, tantôt enfin de sa pusillanimité

(1) Les sages n'ont qu'à sortir, on va délibérer.

à l'encontre de partis ou de pouvoirs égoïstes qui l'intimident ou l'entraînent.

Des moyens de réunir une élite politique.

Est-ce la nomination par le souverain qui le peut conjurer? Je ne reviens plus sur les inconvénients de cette nomination pour l'indépendance, le crédit et la vitalité de la seconde chambre. Je dis qu'attendre l'impartialité de la volonté souveraine, espérer la désignation de tous les hommes qui la méritent, fussent-ils des contradicteurs, est une pure illusion. Un pouvoir auquel la liberté est laissée croit en user avec sagesse et honnêteté en pourvoyant d'abord aux intérêts pressants dans lesquels il voit son salut. Il a d'ailleurs des obligations, et il s'imagine encourir, comme tout particulier, le reproche d'ingratitude s'il néglige d'y satisfaire. Il est donc naturel qu'il paye à ses amis leurs services en faveurs, et se procure, en s'acquittant, l'avantage de disposer de leurs voix. Le Préambule de la Constitution de 1852 avait dit que le Sénat renfermerait les illustrations de la France. Et pourtant peut-on mettre beaucoup des membres qu'il a contenus en balance avec les noms que j'emprunte au hasard et à toutes les opinions, de MM. Berryer, Villemain, de Tocqueville, Cousin, Lamartine, Vivien, de Falloux, Victor Hugo, de Montalembert, de Barante, Guizot, Molé, de Broglie (dernier duc), Arago, Pasquier, Dufaure, Cavaignac, Thiers, Lamoricière, de Rémusat, Odilon Barrot, Léon Faucher, Changarnier, etc. Dans quel autre pays un Sénat eût-il été privé de telles lumières?

Avec le gouvernement représentatif, je le sais, le choix par le souverain cesse d'être aussi arbitraire; il continue à lui appartenir, mais n'est plus exercé sans intervention des ministres. Si, comme il arrive et comme cela doit être, le pouvoir se déplace des progressistes aux conservateurs et inversement, suivant que la nation reconnaît l'opportunité de l'une de ces deux politiques, la seconde chambre, après un certain temps, se sera ouverte aux sommités des deux partis. Cela peut suffire en Angleterre, où, grâce à la sévérité de l'opinion et au bon sens des grands esprits, il n'en est guère qui se détache, du moins pour longtemps, des groupes disciplinés et sorte de son rang pour se mêler à des irréguliers et agir à son compte. Mais la tolérance de nos mœurs ou, si l'on préfère, la largeur de nos idées, réclame une seconde chambre accessible aux étoiles, errantes mêmes, de la politique, de la littérature ou de la philosophie. On ne refuse pas plus à un peuple qu'à un homme, dont l'imagination est la faculté la moins contestable, occasion de la produire. Quelle place tiendrait-il dans le monde sans elle?

Pour la définition du mal dérivé de la démocratie et l'indication du remède, on ne saurait mieux s'autoriser que d'un illustre démocrate anglais, estimé dans tous les pays, point spécialement politique, quoique député à son tour, mais par caractère, savant, économiste et philosophe, M. John Stuart Mill. En Angleterre, il passe pour incliner vers le radicalisme. On va juger de l'audace de ses opinions : « De tous « les principes d'après lesquels on peut constituer un corps « sagemement conservateur, destiné à modérer et régler « l'ascendant démocratique, le meilleur me semble être « celui qui avait servi de base au Sénat romain, le corps le « plus prudent et le plus sagace qui ait jamais administré « les affaires publiques. Les défauts d'une Assemblée démo- « cratique qui représente le public en général sont les défauts « du public lui-même : le manque d'éducation spéciale et « de savoir. Ce qu'il faut pour y remédier, c'est de lui asso- « cier un corps dont les traits caractéristiques seraient « l'éducation spéciale et le savoir. Si une Chambre repré- « sente le sentiment populaire, l'autre représente le mérite « personnel, éprouvé et garanti par des services publics « réels et fortifié par l'expérience pratique. Si l'une est la « Chambre du peuple, l'autre devrait être la Chambre des « hommes d'état. Une pareille Chambre pourrait être beau- « coup plus qu'un corps simplement modérateur. Ce ne « serait pas uniquement un frein, mais aussi une force im- « pulsive. Là, le pouvoir de contenir le peuple appartiendrait

« aux hommes les plus capables, et en général les plus désireux de le faire avancer dans toute direction utile. Le « Conseil auquel serait confiée la mission de redresser les « erreurs du peuple, ne représenterait pas une classe sus- « pecte d'antipathie pour les intérêts du peuple, mais se « composerait de ses chefs naturels dans la voie du progrès. « Aucune autre manière de constituer une seconde chambre « ne réussirait à donner autant de poids et d'efficacité à sa « fonction modératrice. Il serait impossible, quelque somme « de mal qu'il pût empêcher, de décrier comme un pur « obstacle un corps qui serait toujours le premier à favoriser « le progrès. »

Voilà donc le but auquel il faut tendre. Un corps aristocratique, dans le sens même le plus moderne de ce mot, est impossible, il n'est pas désiré et n'est pas désirable; car les intérêts, auxquels un tel corps correspondrait, ne sont ni menacés, ni inquiets de sorte qu'ils aient besoin de cette représentation pour appui. Mais l'élite de ses forces intelligentes fait défaut au pays. Il leur faut emploi pour qu'il en profite, pour qu'elles se développent encore dans l'action, pour stimuler des capacités nouvelles à se produire et à prendre un jour leur place. Aristocratie intellectuelle ! Sans doute. L'application de la maxime démocratique « au plus digne » est-elle donc autre chose ? Égalité au départ ; puis, quand chacun a donné sa mesure, gratitude pour les services rendus, appréciation de ceux qu'il est permis d'attendre encore; en un mot, justice.

Sur l'avantage de grouper une pareille élite de talents et de supériorités, l'accord s'est fait entre les hommes d'opinions et de situations les plus diverses. Nous venons d'entendre un philosophe, démocrate authentique. En 1831, M. de Brigode, ancien pair héréditaire, soutint, avec talent, le même système contre l'hérédité, défendue alors par des plébéiens éminents tels que MM. Royer-Collard, Guizot, et Thiers. Le dernier duc de Broglie, dont le jugement si ferme et le caractère si pur ont honoré les conseils du Gouvernement de Juillet, enfin le regretté M. Prevost-Paradol, l'ont également adopté. Je passe d'autres noms qui seraient aussi des recommandations.

Puisque le moyen d'assurer au pays l'emploi de ses plus hautes intelligences n'est pas le choix du souverain, c'est à d'autres juges qu'il faut demander leur désignation. Quels seront ces juges, c'est-à-dire ces électeurs? — Quels seront les éligibles? Sur les détails d'application seulement on s'est divisé.

M. Duvergier de Hauranne disait, en 1848 : « En enlevant « à la Chambre des pairs l'hérédité sans lui donner l'élec- « tion, nous l'avons privée, en 1831, de toute force, de « toute puissance, de toute autorité; c'est une faute grave « à laquelle j'ai pris part et dont je m'accuse ». Désireux de ne pas renouveler cette erreur, il insista pour que la seconde chambre fût élective. Le système qu'il défendit alors, de concert avec MM. Odilon Barrot et Rouher, se résume en ceci : « Les mêmes électeurs que pour la députation; les mêmes conditions d'éligibilité ». La similitude des deux chambres était absolue et se trouvait ainsi poussée plus loin que dans la Constitution de l'an III, puisque le Conseil des Anciens supposait un âge plus élevé; plus loin que dans le système belge, lequel exige, pour l'éligibilité au Sénat, un cens de 1,100 fr. Mais les auteurs de l'amendement étaient obligés de sacrifier aux exigences impérieuses de l'opinion. Pour être seulement écouté, je ne dis pas pour être suivi, il n'eût pas fallu parler de circonscrire le choix des électeurs par ces limites d'âge ou de cens, pourtant si modérées. M. Duvergier de Hauranne n'ignorait pas que sous deux noms différents, il n'eût institué qu'une seule Chambre. On aurait eu les rivalités de personnes et de corps, les dangers de la division sans ses avantages. Cependant, le principe une fois admis, avec le temps, la seconde chambre pouvait, comme le Sénat belge, acquérir le caractère et la tradition de son rôle, ou recevoir les améliorations nécessaires. M. Dupin aîné repoussa le contre-poids d'une seconde chambre quelconque, non comme insuffisant et illusoire, mais comme inutile : « Ce serait, dit-il, une modération « d'une moitié par une autre moitié. J'aime bien mieux la « modération de l'individu tout entier par lui-même. La « divinité a placé dans nos âmes, à côté des passions qui « nous excitent et nous entraînent, ce mouvement de la « conscience qui nous éclaire et qui régularise nos actes. « Il en est de même quand chacun de nous est appelé « ici, non à des explosions, mais à des votes réfléchis. » Pour goûter toute l'ironie de ce langage, il faut se souvenir qu'il était tenu à une Assemblée révolutionnaire, comme telle, bien éloignée de le mériter, mais assez confiante et illusionnée pour le croire, et tenu par un orateur qui jugea fort utile un Sénat dont il ferait partie. S'il n'est pas exact de dire que deux Corps semblables sont sujets à des entraînements aussi prompts et faciles qu'un seul, il est vrai cependant qu'ils se modéreront plutôt si l'identité de leur nature ne leur inspire pas les mêmes tendances et les mêmes ambitions.

On a eu recours ailleurs, mais on n'y peut songer pour la France, à la formation, au moyen d'un cens, d'un corps électoral restreint dans le corps électoral étendu. Deux catégories d'électeurs auraient pour effet très-probable d'établir entre elles et les corps émanés d'elles une lutte constante et dangereuse. Ce serait organiser l'antagonisme des intérêts et des idées, presque renouveler la rivalité des classes. Telle en serait l'impopularité, que les électeurs, jouissant du droit le moins apprécié et par situation exclus de l'autre, préféreraient sans doute le retour vers le régime censitaire d'autrefois, et n'en exercer aucun.

Je dirai brièvement dans quels pays l'élection est mise en usage pour la formation d'une seconde chambre, et quel est le mode de cette élection.

En Belgique et en Danemark, le corps électoral est le même pour les deux Assemblées.

Dans l'Amérique anglaise (Canada), les deux tiers du

*legislative Council* sont nommés par les électeurs de l'autre chambre.

La Chambre haute de Prusse, outre diverses catégories de membres princiers et nobles, héréditaires ou nommés, renferme des membres nobles élus par *tous* les propriétaires fonciers des provinces; enfin, des représentants des universités.

Un système analogue est appliqué en Saxe.

Au Brésil, les colléges électoraux ordinaires désignent trois candidats, entre lesquels le choix est fait par l'empereur et son ministère.

En Hollande, la Chambre haute, en Suisse le Ständerath (Conseil d'État), aux États-Unis le Sénat, résultent de nominations faites par 1° les diètes provinciales; 2° les conseils des cantons; 3° les législatures des États; Assemblées locales correspondant à notre conseil général de département.

Nous avons vu que la Constitution de l'an III et l'amendement en 1848 de MM. Duvergier de Hauranne, Odilon Barrot et Rouher, se rapprochaient surtout des systèmes belge, danois, et de l'Amérique anglaise.

La proposition de MM. de Brigode et de Ludre, en 1831, saisissait également de la formation de la seconde chambre les colléges ordinaires, mais réunis au chef-lieu de département en assemblée générale.

Je ne trouve en France que l'amendement de M. Dubois (de la Loire-Inférieure), en 1831, rappelant le système aujourd'hui appliqué en Prusse et en Saxe. M. Dubois donnait à la Chambre des pairs une triple origine : l'élection, le droit tiré des fonctions occupées et la nomination par le roi. L'élection appartenait à trois colléges ainsi caractérisés : 1° de la propriété et de l'industrie; 2° de la science; 3° de l'armée. Il faut remarquer que cette combinaison fournissait environ deux cents pairs élus. Les pairs, du droit de leurs fonctions, étaient peu nombreux : les maréchaux et amiraux, les premiers présidents de la Cour de cassation et de la Cour des comptes, le chef de l'Instruction publique.

Quinze places seulement étaient réservées à la nomination du souverain. Il est impossible de nier que ce système méritait attention, et que malgré certaines difficultés d'exécution, non insurmontables, son adoption n'eût pas été une cause de regrets.

De l'élection par les membres des Conseils de département et d'arrondissement.

Chose étrange, des pays comme la Hollande, la Suisse et les États-Unis, dont la sagesse et la prospérité font notre envie, avec lesquels nous nous flattons d'être en communauté d'idées et de mœurs, possèdent un mode d'élection pour la seconde chambre, simple, efficace, adapté aux principes démocratiques les plus exigeants, et ce système est le seul qui n'ait pas eu en France les honneurs de la discussion publique. Il a été recommandé dans des ouvrages récents, avec l'autorité qui se rattache à leurs noms, par M. le duc de Broglie, ancien président du conseil sous la monarchie de Juillet, et par M. Prevost-Paradol. Je crois d'ailleurs qu'il s'est fait jour dans beaucoup d'esprits et qu'il prévaut dans le milieu libéral. Je ne puis omettre que j'en ai retrouvé l'exposé, inséré dès 1844, dans le recueil des travaux d'une réunion de jeunes hommes se plaisant aux études ou se préparant à la carrière de la politique. Le mérite de cette priorité et de cette clairvoyance revient à M. de Thou, — ce nom historique ne pouvait être évoqué plus à propos; — son opinion fut combattue et altérée dans un travail en forme de rapport, par M. le marquis de Moustier, mort en 1869, sénateur et ministre des affaires étrangères.

Voici dans quels termes M. de Thou formulait les idées consacrées depuis par d'importantes adhésions : « S'il n'est « pas bon qu'une Chambre soit la doublure de l'autre, il ne « faut pas non plus qu'elle soit son ennemi naturel. On arri« verait à ce but, si l'on trouvait des électeurs qui ne fus« sent pas ceux des colléges ordinaires et qui cependant « eussent avec eux une communauté complète d'intérêts « politiques. Ces électeurs, je crois les avoir trouvés dans

« les membres des Conseils généraux et d'arrondissement, « auxquels j'associe la magistrature supérieure et l'état-« major de l'armée.

« En admettant l'élection à deux degrés, je n'ignore pas « les objections qu'elle soulève. Un des grands vices de l'é-« lection à deux degrés, c'est que le citoyen nommant un « mandataire avec la seule fonction d'en choisir un autre, « n'attache pas d'importance à son vote. L'intérêt et la vie « politique se perdent à travers ces dégradations succes-« sives, aucune responsabilité ne lie l'élu à l'électeur inter-« médiaire; à l'expiration du mandat, le corps électoral « n'existe plus, il n'y a personne qui puisse demander « compte au candidat de sa conduite et de ses promesses. « Mais il me semble que dans mon système ces objections « perdent une grande partie de leur force. L'électeur est « vivement intéressé au choix du conseiller général; il sait « qu'il n'aura pas seulement à nommer les pairs, qu'il devra « prendre une part très-réelle, très-sentie, à l'administra-« tion du département. Il y a donc pour les membres du « Conseil choix sérieux et par suite présomption de capa-« cité. »

Il n'y a rien à ajouter à ces arguments; mais une grave objection se présente : confier le choix des Sénateurs aux Conseils généraux et d'arrondissement, c'est y encourager les intrigues, les diviser sur des questions politiques ou de personnes, à tel point que l'esprit de parti ou de coterie fera grand tort à la discussion des affaires qui leur sont soumises.

Ici encore, MM. de Thou et Prevost-Paradol nous dispensent de chercher la solution. Fusionnez, disent-ils, les Assemblées de plusieurs départements dans un grand collége électoral, correspondant, par exemple, au ressort des Cours. Au sein de réunions accidentelles et nombreuses, les intrigues de chaque groupe plus restreint ne sauraient ni prévaloir, ni même, faute de temps, travailler utilement. Elles se perdront dans l'ensemble. A supposer que des fractions multiples insistent sur des prétentions inconciliables et égoïstes, l'opinion publique les obligera à des concessions et portera, en fin de compte, leurs suffrages sur quelque grande notoriété. J'ai prononcé le mot d'opinion publique. Un corps, dont les membres se fréquentent et se concertent, peut ne livrer à la publicité que ce qu'il lui plaît de ses actes ou de ses pensées. Entre des Assemblées rarement rapprochées, dont certains intérêts sont communs et beaucoup d'autres différents, la presse doit trouver occasion d'intervenir, et je dis que le sentiment public sera leur principal lien.

La difficulté sera-t-elle de discerner les mérites? Les services d'une notabilité digne de figurer dans une haute Assemblée se sont d'ordinaire étendus au-delà des limites d'un département, et il importe qu'elle ait assez de valeur pour être connue et appréciée dans le rayon d'une province.

L'embarras serait plutôt d'obtenir des électeurs un déplacement, important pour certains, à l'effet d'accomplir un acte aussi sommaire que leur vote.

De la réunion des Conseils de plusieurs départements en une assemblée régionale.

Pour M. Prevost-Paradol, cette objection n'existait pas. Il a pensé que la concentration des Conseils des départements en Assemblée régionale ou provinciale devrait se faire à d'autres fins encore que la formation d'une seconde chambre. L'élection des sénateurs ne serait qu'un des objets de la réunion et s'y adapterait, dès lors, naturellement. M. Guizot, dans la *Revue française*, en 1829, a, je crois, le premier, émis cette proposition à un point de vue administratif. M. Le Play, dont les ouvrages sur l'économie politique et sociale renferment beaucoup de sages conseils, a fait maintes fois observer la connexité d'intérêts existants entre les départements d'un bassin ou d'une région sous les rapports agricole, industriel ou minéralogique. Il y a des contrées, en effet, dont le caractère dominant et, dès lors, l'intérêt capital est l'industrie du coton, l'exploitation de la houille et son annexe la métallurgie, la culture de la vigne ou celle de la soie. Les intérêts similaires des départements rapprochés gagneraient à posséder le lien et le levier d'une représentation commune. Il est bon, cependant, pour une idée de n'être pas nouvelle et de s'harmoniser avec des faits consacrés. Les circonscriptions universitaires, militaires et judiciaires existantes, auraient à subir de faibles changements pour que le domaine de l'Assemblée régionale s'accordât avec elles.

Certes, les dangers du particularisme sont à éviter; aussi l'opinion que j'expose n'a-t-elle rien de commun avec l'idée provinciale, dans l'acception historique du mot, éveillant à des degrés divers des souvenirs de races et de petites nationalités. Bien loin de nous décider sur ces caractères, nous ne consultons que les affinités matérielles de topographie et d'intérêts. Mais ne voit-on pas que la puissance des peuples ne résulte pas d'une centralisation, exposant le corps social tout entier à l'action des funestes influences dont elle est d'abord la cause, puis le moyen de propagation? Si la France attend d'un foyer unique le modèle de ses mœurs et le mot d'ordre de sa politique, comment se défendra-t-elle contre l'incurable corruption des grands centres et contre les surprises ou anticipations de ses volontés? Que l'on songe aux cantons de la Suisse et aux États de l'Allemagne. Grâce à leur moindre étendue, la vie locale s'y montre plus active et plus calme à la fois. Les citoyens ne sauraient, en effet, refuser leur attention à ce qui se passe presque sous leurs yeux, ni se passionner toujours pour des actes dont ils ont acquis l'habitude. La classe élevée, retenue par l'attrait et les obligations de fonctions honorables, ne va pas au loin dépenser son temps et les revenus de ses terres. Les forces du pays en intelligences et en capitaux sont ainsi mieux réparties. Et, quand appel leur est fait au nom d'un intérêt suprême et d'un sentiment commun, on les trouve exercées et conscientes d'elles-mêmes, prêtes au concours énergique et docile, d'autant plus qu'il ne leur est imposé ni souvent, ni pour de petites choses.

Du mérite des onseils généraux comme corps électoral.

La France possède, dans les Conseils généraux, des éléments de décentralisation de nature à satisfaire les esprits qui la réclament et à rassurer la prudence la plus craintive des innovations. Tels qu'ils sont et, je le crois, resteront formés, les sentiments d'ordre et de respect ont beaucoup à attendre de leur appui et rien à craindre de leurs tendances. Ils ont seulement à se persuader davantage qu'il appartient au pays et à ses représentants de donner l'impulsion au lieu de la recevoir des agents qu'il emploie.

J'ai entendu s'étonner que, dans les derniers événements, leur action n'ait pas été plus efficace. Ils eussent pu, en effet, devenir des instruments utiles d'organisation. Mais, en face de l'administration préfectorale prépondérante, il n'y avait pas eu à s'entendre pour la diriger. A l'heure voulue, le concert préalable nécessaire a fait défaut. Il faut d'ailleurs le dire, la volonté plus accentuée de prendre possession des affaires départementales aurait eu jusqu'alors pour principal résultat de compromettre la bonne composition des Conseils généraux. Leurs membres, en effet, sont, pour la plupart, empruntés aux situations qui les désignent. Les attributions des préfets étant ce qu'elles sont, leur volonté disposant de nombreuses fonctions et de grandes ressources, le sacrifice de leur bienveillance eût été aussi dangereux pour le Conseil lui-même que pénible pour les intérêts représentés. Comme il n'était guère dans les mœurs de l'administration ni, sans doute, dans ses instructions, de se priver d'un succès en vue d'un avantage public insensible pour elle, son appui n'eût-il pas été reporté, en échange d'un concours plus complet, sur des hommes que, ni leurs lumières, ni leur caractère privé, ni leur position dans le monde, n'appelleraient à prendre en main, désormais, les intérêts départementaux ?

Il importait de connaître sous leurs divers aspects d'origine et de mérite, de passé et d'avenir, les corps auxquels nous demandons que la haute mission de former le Sénat soit confiée. Leur valeur est reconnue ; mais elle ne saurait, je le répète, avoir tous ses effets et toute sa liberté d'action qu'au moyen d'une réduction considérable des attributions préfectorales. Les administrateurs qui les exercent et leurs administrés sont également accablés de leur poids.

La nation s'est trouvée soumise à une discipline rigoureuse et peu éclairée; et pour ne pas s'aliéner l'armée, on y a laissé s'affaiblir l'esprit de hiérarchie et d'obéissance. Il conviendrait de renverser la proposition : développer les forces nationales par leur exercice régulier, mais libre; relever notre puissance militaire par une organisation de ces forces méthodique et sévère, tel est, ce me semble, le but à poursuivre.

Au corps électoral dont nous venons d'indiquer l'élément principal, convient-il d'adjoindre d'autres électeurs? La seconde chambre ne doit-elle pas encore, par des considérations analogues à celles relatives aux conseils généraux, prendre ses racines dans de grands corps élus eux-mêmes, tels que la Chambre des députés et l'Institut? Cette pensée vient tout d'abord à l'esprit; mais il faut y renoncer sans hésitation en ce qui touche la Chambre des députés. Les électeurs ne nomment pas des représentants pour qu'ils abandonnent et échangent leur poste.

De l'Institut participant à la formation de la seconde chambre.

Un recrutement dans et par l'Institut soutient beaucoup mieux l'examen. N'avons-nous pas accepté ce principe que la seconde chambre doit constituer une sorte d'élite intellectuelle du pays? Il faut dès lors ouvrir des voies par lesquelles les illustrations scientifiques, littéraires et même artistiques, puissent y pénétrer, aussi bien que les hommes d'état, de guerre et d'affaires? M. John Stuart Mill ne pense pas que le premier de ces éléments soit désirable : « La distinction scientifique et littéraire est trop indéfinie et trop sujette à discussion; elle implique un pouvoir de *sélection*, « tandis que les autres qualités parlent d'elles-mêmes. Si les « écrits qui ont fait la réputation d'un homme ne touchent pas « à la politique, ils ne prouvent pas que cet homme ait les qualités spéciales voulues. » L'école qui applique à M. Stuart

Mill l'épithète prétentieuse, mais intelligible, de *penseur,* doit trouver qu'ici son intelligence se montre trop anglaise, trop préoccupée d'atteindre directement le but. De fait, une grande assemblée est appelée à envisager l'intérêt des sociétés humaines par d'autres côtés que celui du budget, des houilles et des douanes. La France ne voudrait point voir le président de notre seconde chambre assis sur un *sac de laine* emblématique, et nos mœurs plus expansives, pressées de mêler aux sujets arides quelque chose qui les colore, réclament à bon droit la présence de mérites brillants et spéculatifs à côté des talents austères et utiles. Il est certain d'ailleurs que dans le cours normal des délibérations, si les premiers ne sont pas en mesure d'ouvrir les avis, leur intelligence, quoique inclinant ailleurs n'étant fermée à rien, saura facilement distinguer et adopter une opinion plausible.

Si le suffrage des conseils généraux disposait à lui seul de tous les siéges du Sénat, la plupart des hommes considérables dans les sciences et les lettres se verraient interdite par leurs travaux ou leur mode de vie la situation personnelle et locale nécessaire pour l'obtenir, et par goût seraient souvent détournés de le poursuivre. A Paris même, près d'électeurs témoins plus rapprochés ou plus compétents de leurs mérites, ils ne l'emporteraient pas sur les notabilités agissantes et mieux à la vue de la masse du public. Pour faire place dans le Sénat à la science et à la littérature, il importe donc d'admettre à voter l'assemblée qui les représente.

L'Institut devrait-il être transformé en corps électoral pour son compte ou adjoint au collége parisien? Bien entendu, pour que personne ne fît la loi et ne pût se prétendre lésé, le nombre de siéges à occuper par les membres de chacun des groupes serait déterminé aussi bien en cas de réunion que d'isolement. J'estimerais fort avantageuse une action réciproque. Les entraînements d'un grand centre seraient modérés par la haute raison d'un corps éminemment mesuré ; l'interposition d'éléments non académiques atténuerait les froissements des grands esprits, qui sont parfois aussi de grands amours-propres. On ne peut objecter que le monde politique parisien ignore les personnalités de l'Institut, surtout ses illustrations, et que celui-ci n'ait pas un regard pour les affaires et les hommes qui s'agitent aussi près de lui. Je ne sais si l'Institut goûterait un attribut nouveau et surtout un contact susceptibles l'un et l'autre d'altérer son caractère en accroissant son influence ; mais sa prudence lui permettrait de se prêter au service, parce qu'elle lui ferait éviter les écueils. Le collége parisien résisterait sans doute davantage à une combinaison où il trouverait honneur, mais aussi modération. Quand une ville a la fortune d'être la capitale de la France, il est naturel et glorieux qu'elle confonde ses intérêts avec les lumières nationales, dont l'Institut est le foyer. S'il fallait d'ailleurs renoncer à la réunion proposée, je n'irais pas jusqu'à trouver trop redoutable le vote isolé du collége de Paris. Ses représentants figureraient au sein de la seconde chambre en même proportion que dans la Chambre des députés. Ce serait tout.

Adjonction à l'Assemblée régionale des membres inamovibles des Cours et des officiers supérieurs.

Dans la plupart des écrits où mon sujet se trouve abordé, je vois compris parmi les électeurs à la seconde chambre les membres inamovibles des Cours et les officiers supérieurs de terre et de mer du ressort. Il est essentiel en effet que ces deux premiers services de l'État, la justice et l'armée, aient place dans la seconde chambre pour les hommes éminents qui les dirigent ou les honorent. Sans doute un magistrat ou un homme de guerre illustres ne seraient ni méconnus ni écartés par des citoyens étrangers à la sphère judiciaire et militaire. Mais il est juste que des électeurs plus spécialement en mesure de les apprécier, puissent mettre leurs titres en lumière ou leur apporter le tribut et l'appoint de bienveillants suffrages.

L'adjonction des deux groupes judiciaire et militaire se fait aisément avec le système de l'Assemblée régionale, puisque dans l'état actuel des choses, ils occupent la ville destinée à en être le lieu de réunion. Elle devient même un argument en faveur de cette Assemblée. On n'aperçoit pas comment le contingent des Cours et de l'armée pourrait être réparti entre les départements agissant isolément. Il faudrait renoncer à leur faire une part, ce qui me semble inadmissible, ou découvrir un moyen que je ne saurais indiquer.

De l'éligibilité pour la seconde chambre.

Ayant épuisé les questions relatives au corps électoral, je me demande s'il est à propos de former des catégories dans lesquelles son choix devra se renfermer. M. le duc de Broglie (père du duc actuel), et M. Stuart Mill, se sont rencontrés pour proposer des conditions d'éligibilité.

Des catégories.

M. Stuart Mill, recherchant avant tout des hommes d'affaires éprouvés, désigne comme éligibles les personnages ayant rempli un certain temps les hautes fonctions électives, judiciaires, gouvernementales, diplomatiques, etc. Pour qui sait comment se recrutent les juges anglais, peu nombreux, mais si distingués et si haut placés, ce système s'explique. Mais en France, où la centralisation a donné aux fonctionnaires des habitudes et tout au moins des apparences plus subordonnées, une Chambre qui renfermerait cet unique élément serait beaucoup plus sujette à critique.

M. le duc de Broglie accorde l'éligibilité à quelques autres catégories. Cette extension ne me semble pas encore répondre à toutes les exigences de notre état social. Par des causes diverses mais actives, les mérites ne sont-ils pas quelquefois exclus, ou ne se tiennent-ils pas trop souvent à l'écart des fonctions publiques? Faut-il que les électeurs se voient interdit le choix d'un Royer-Collard, d'un général Foy, d'un Lafayette, d'un Berryer, parce que de tels hommes n'ont été ni pairs, ni sénateurs, ni ministres, et ne sont à l'heure du vote, ni grands propriétaires, ni princes de l'église, ni maréchaux ou amiraux, ni présidents de cour souveraine? Je saisis très-bien les mérites d'une telle liste, que M. le duc de Broglie appelle « le *Livre d'or* de la « France, livre d'or toujours ouvert, toujours accessible « aux illustrations, aux fortunes, aux positions nouvelles ». Mais ne voit-on pas qu'en France le premier tort d'une garantie par la limitation est de paraître une barrière, bien plus qu'elle ne l'est réellement? Une garantie est-elle d'ailleurs opportune quand les électeurs sont des conseillers généraux et d'arrondissement, des magistrats et des officiers supérieurs? Et ne serait-elle pas aisément éludée? Un parti disposant en province de notre corps électoral, se serait fait depuis longtemps une large place dans la députation, et, par là, dans les ministères. Une liste ferait seulement obstacle aux choix passionnés et excentriques des grands centres, tant que la majorité du pays ne serait pas en leur faveur, au cas d'ailleurs improbable où l'influence de l'élément judiciaire et militaire, et de plus, à Paris, celle de l'Institut, se trouveraient surmontées. A supposer d'ailleurs que des intelligences exaltées, introduites jusque dans le Sénat, n'y subissent pas des impressions d'apaisement, elles le tiendraient en haleine et en éveil, et lui marqueraient la limite exacte des fermetés nécessaires et des accommodements opportuns.

Les autres conditions d'éligibilité pour les secondes chambres, que l'on rencontre encore, sont un âge supérieur, un cens particulier, et chez quelques peuples, en Prusse, par exemple, la noblesse. Je ne m'arrête pas à cette dernière condition. En expliquant pourquoi l'élection a mes préférences, j'ai dit comment en France un corps aristocratique manquerait d'influence, faute d'habitude des uns à l'exercer, des autres à la souffrir. L'élection restreinte à des membres nobles offrirait les mêmes inconvénients que l'hérédité aristocratique; davantage peut-être, car la nation s'étant attachée à la jouissance de son droit en regretterait l'imperfection plus que l'absence. Du cens.

La garantie du cens soulèverait d'autres objections. On

l'accuse, en thèse générale, de faire reposer les présomptions de capacité et d'indépendance sur une base étroite et vulgaire et de procurer à la possession des biens et, par là, à la classe moyenne, une importance à laquelle elle n'a pas de titre. En Belgique, pays de démocratie, électeurs et éligibles se soumettent à la condition du cens, et l'éligibilité au Sénat s'y acquiert par un cens supérieur de 1,100 fr. Pour le Landsthing danois, il faut payer 550 fr. de contributions ou posséder un revenu de 3,400 fr. Le cens d'éligibilité s'appuie, d'ailleurs, sur des considérations plus fortes que celui requis des électeurs. Étant admis que, pour un acte de votation bref et simple, l'indépendance et la sagacité sont toujours suffisantes, et que le fait seul de l'existence amène une coïncidence certaine de l'intérêt privé et de l'intérêt public ; il n'est pas moins vrai que la garantie des lumières et du caractère chez un éligible doit être supérieure puisque, élu, il est appelé à des actes tout autrement complexes, importants et nombreux. Cette question, on le voit, est liée à celle de l'indemnité, destinée à mettre le mandataire de la nation à l'abri de lui-même et des injures de l'obsession ou du soupçon ; et, si je ne devais plus loin conclure à l'indemnité, je n'hésiterais pas à proposer le cens.

De l'âge. On prévoit que, dans notre pensée, la solution de la question d'âge doit seulement consister dans la conciliation de ce qu'exige la respectabilité d'un grand corps, avec la nécessité de n'en pas tenir longtemps écartés des talents utiles. Loin de nous de chercher exclusivement des garanties dans la longueur des carrières parcourues et dans les lassitudes de l'âge et de l'expérience. Quand une seconde chambre se recrute au choix du souverain, elle se remplit de serviteurs qui ne veulent ou ne peuvent plus supporter les fatigues de l'activité. Les électeurs, libres d'obligations ou indépendants dans leur reconnaissance, doivent préférer, à tout autre, l'homme qui leur paraît devoir mieux servir les intérêts du pays. Les générations à venir leur demandent d'obéir aux seuls conseils de la froide raison. Mais si l'élection défend le pays contre l'accumulation trop grande de ruines politiques respectables, mais impuissantes, elle doit lui éviter aussi les défis imprudents jetés aux lois de la nature humaine. Tout citoyen de vingt-cinq ans est apte, en France, à recevoir le mandat municipal, départemental, et même législatif. Il est clair qu'en dehors d'exceptions peu communes et très-difficiles au caractère français, cet âge ne comporte pas une suffisante préparation aux grandes fonctions publiques. La Belgique, l'Italie, le Danemark ont fixé à quarante ans la faculté d'entrer dans les Chambres hautes; les États-Unis n'imposent que trente ans à un sénateur. Des électeurs prudents ne sauraient porter leurs choix sur des hommes de trente ans, qui ont rarement, cela est d'expérience, atteint la limite du complet développement intellectuel. Mais la susceptibilité de l'esprit français fait qu'il n'aime pas à se voir entouré de précautions minutieuses et qu'il songe moins souvent à s'écarter des bornes que la raison lui trace, si la loi s'abstient de les imposer avec rigueur. Le *minimum* de trente ans est strictement nécessaire. Les cinq années enlevées à l'éligibilité sont un délai vite écoulé. A supposer qu'elles condamnent à l'attente un Pitt ou un Fox, il ne sera pas sans avantage que cette capacité précoce se confirme et s'exerce sur quelque autre théâtre aisément accessible pour elle, ou, s'il le faut, dans les loisirs de la méditation.

Des places occupées dans la seconde chambre du droit des fonctions.

Dans le système de plusieurs constitutions et auteurs, il y a des siéges réservés aux titulaires de certaines fonctions élevées et inamovibles. Ce serait déroger à la règle de l'élection pour un faible résultat, puisque le nombre des siéges affectés aux maréchaux, amiraux, cardinaux, présidents de cours souveraines s'élèverait à une vingtaine. L'autorité du principe électif et celle des membres revêtus d'un caractère exceptionnel en souffriraient également. Cette exception est-elle donc nécessaire pour qu'hommage soit rendu dans leurs

5

représentants suprêmes à la religion, à la magistrature et à l'armée? Il n'est guère à craindre qu'un gouvernement, dans ce but secondaire de s'assurer quelques voix, se montre assez ennemi de lui-même ou s'affranchisse tellement de toute bonne influence, qu'il élève aux plus hautes fonctions des hommes qui n'en soient pas dignes; mais il peut s'égarer ou n'être pas dans le sens de l'opinion. C'est faire injure à l'intelligence nationale et au corps électoral, son image, que les supposer capables de ne pas distinguer un grand mérite et de ne pas se faire honneur en lui rendant justice. Les carrières militaire et judiciaire ont mêlé à beaucoup d'hommes et d'affaires, ont livré à la publicité celui qui en atteint le faîte. Il est assez en vue pour n'avoir à aider l'opinion qui le porte ou sa propre candidature, d'aucun sacrifice de sa dignité. La situation est un peu différente, je le reconnais, pour les titulaires des grandes charges religieuses. Néanmoins, quand l'éloquence et le savoir d'un prélat se sont déployés devant le pays et rencontrés avec le sentiment public, c'en est assez pour que les électeurs éclairés aillent à lui sans qu'il ait à se mettre en peine de s'adresser à la foule. Sénateurs élus, ils se féliciteront d'autant plus de l'honneur et de l'autorité des suffrages obtenus que les abords et les luttes de l'arène leur seront plus difficiles. Quiconque souhaite l'adoucissement de l'antagonisme entre la société de 89 et la plus arrêtée des formes du christianisme, doit tendre à ce que les rapports mutuels résultent, non plus d'obligations contractées, mais de libres assentiments. Et si, ce qui n'arriverait pas, les hommes dans lesquels se confondent une opinion et une institution, la cause et le défenseur, venaient à manquer à la tribune du Sénat, on y verrait d'éloquents volontaires comme MM. de Montalembert et de Falloux. L'intérêt religieux n'aurait rien à y perdre. Le caractère, la valeur, la force du troupeau se distinguent mieux dans quelques-uns des siens que dans le pasteur lui-même. Les rapports de l'Église et de l'État comportent trois régimes : le concordat, la liberté ou l'exclusion. Certains peuples ont choisi ce dernier régime. Les ministres des cultes sont exclus des Assemblées en Suisse et au Canada. Les passions religieuses demandent qu'on y évite des rencontres qui seraient des occasions de trouble et de discorde. Par bonheur notre situation n'est pas telle. Mais je répète ici ce que je disais à propos de l'appui procuré par la pairie héréditaire à certains intérêts traditionnels de la société : A quoi bon un abri quand on est en mesure de lutter à découvert et qu'il menace de son poids ceux qu'il devrait protéger ?

De l'indemnité des membres de la seconde chambre, ou de la gratuité de leurs fonctions.

Je suis convaincu que la gratuité des fonctions, partout, mais surtout en France, amène ce résultat qu'elles sont mieux remplies. Mais je dois l'avouer aussitôt, les arguments sur lesquels cette conviction s'appuie, n'ont pas une valeur logique, une puissance géométriquement démonstrative égale à celle des arguments contraires. Étant Français, voulant des choses acceptables et pratiques pour la France, j'admets l'indemnité en regrettant que nos mœurs et nos sentiments, au moins autant que nos raisonnements, ne se concilient pas avec l'expérience. J'exposerai l'une et l'autre opinion.

Il y a présomption qu'un citoyen pourvu des moyens d'existence dont le cens est un témoignage, a reçu l'éducation et l'instruction correspondantes à ses ressources; qu'ainsi sorti de l'ignorance et placé au-dessus du besoin, il est éclairé et indépendant. Il y a de même présomption qu'un citoyen sollicitant ou acceptant une fonction gratuite est dégagé de toute préoccupation pécuniaire, et qu'ainsi il peut consacrer aux affaires publiques un temps plus long et un esprit plus libre ; enfin et surtout qu'il est poussé à rendre service à son pays, par un sentiment de devoir ou par l'ambition légitime de recueillir en récompense la gratitude et l'estime. Quel que soit le mélange des personnalités dans l'ensemble et des sentiments dans les cœurs, il faut bien le reconnaître, les hommes qui ont occupé les fonctions gratuites, je citerai par exemple celles de maire, ont mérité une place des plus honorables dans le pays. C'est qu'ils ont agi dans l'intérêt de leurs administrés, sous leurs yeux et attendant une rémunération surtout de leur opinion. Mais pour les fonctions publiques exigeant une éducation plus spéciale que celle de maire, je verrais des avantages encore plus grands à ce qu'elles fussent gratuites. Plus complexe et plus haute est la tâche, plus la préparation doit avoir réclamé d'études et de temps. Nous avons beau nous croire des connaissances infuses, acquises sans efforts et même sans y songer, en maintes choses et spécialement en matière administrative et politique, nous sommes obligés de supposer que la lecture assidue des livres techniques et la pratique des affaires fournissent certaines notions utiles que l'on ne saurait acquérir autrement. Or, je ne sais pas de moyen d'accomplir un travail sans y consacrer du temps; ni de lui donner des loisirs s'il faut pourvoir à ses besoins. C'est d'après ces principes qu'en Angleterre, au grand profit de la nation, la politique comme toute autre branche de l'activité humaine s'est *spécialisée*. Nul ne s'étonne de voir dès Oxford et Cambridge les jeunes gens des grandes familles se préparer par des études dirigées en ce sens et des exercices oratoires, à parcourir une haute carrière politique, comme d'autres voyagent en Amérique ou aux Indes pour commercer plus tard avec ces contrées. Les Anglais craindraient qu'un pays dont les citoyens, par leurs aptitudes nationales, sont propres à toutes les affaires, même aux plus ardues, n'en traitât aucune avec cette méthode, avec cette corrélation entre les moyens et le but qui assurent le succès. Estimant donc que l'on ne sait guère que ce que l'on a appris, la nation voit avec satisfaction la partie d'elle-même dont le temps est libre et risquerait d'être perdu, se destiner à la vie politique et sagement s'y préparer en conséquence. Si l'on venait dire à un Anglais sans fortune, mais qui travaillerait activement à réparer cette disgrâce du hasard : « Abandonnez votre comptoir, votre usine ou votre

« vaisseau, et venez occuper dans une des Chambres le « siége dont vous êtes digne ; vous serez d'ailleurs indem- « nisé du sacrifice de votre temps », il ne manquerait pas de répondre : « Je ne me fais pas l'illusion de croire mes « talents si rares qu'on n'en puisse découvrir de semblables « parmi les hommes plus libres de leurs moments. L'ayant « pu faire mieux que moi, il est même à croire qu'ils les « auront exercés d'une manière et sur des objets en rap- « port avec leurs vues et avec ce que la nation attend de « ses gouvernants. Elle peut d'ailleurs leur demander gra- « tuitement ces meilleurs services. Double profit pour elle. « C'est donc l'affaire d'autrui, non la mienne. *The right « man in the right place*, le vrai homme dans la vraie « place, voilà ce qu'il faut. Une indemnité me ferait vivre, « mais mon travail augmentera mon capital et celui du « pays. Si je fais la besogne de la classe qui a des loisirs, « celle-ci ne viendra pas pour cela faire la mienne. Tout le « monde y perdrait : moi d'abord, puis la nation, et les ci- « toyens qui n'ayant plus l'emploi honorable de leur vie, « pourraient être entraînés à quelque usage frivole ou mau- « vais. » On ne trouve en France ni cette abstention pleine de modestie mais aussi de calcul, ni la *spécialité politique* indiscutable d'une catégorie de citoyens. Ceci dit, on conçoit comment la gratuité des fonctions peut sembler désirable, sans qu'on aille jusqu'à la proposer.

Les partisans de l'indemnité font d'ailleurs valoir des considérations élevées dont le caractère satisfait davantage notre goût des vérités théoriques. Le corps électoral, disent-ils, peut avoir un intérêt majeur à se faire représenter par un homme éminent, moins favorisé sous le rapport de la fortune que sous celui des talents. On ne saurait obtenir d'un tel homme qu'il renonce à l'occupation qui le fait vivre ou à l'équilibre entre ses habitudes et ses ressources qui fait sa dignité, sinon en lui ménageant dans les fonctions de la seconde chambre la même sécurité et la compensation de son trouble. Objecte-t-on qu'un esprit tellement supérieur, possédant tous les moyens de rendre de grands services à l'État, doit, pour assurer son avenir, n'avoir pas négligé ou dédaigné d'en rendre à ses concitoyens emportant rémunération? Il n'est indigne de personne de recueillir des profits importants, comme médecin, avocat, industriel, parce que le succès en ce genre suppose beaucoup de travaux utiles à la société, et qu'il est même un des *critériums* les plus sûrs du mérite. Ajoute-t-on que si le temps a fait défaut, il faut laisser à une capacité donnant de simples espérances le moyen de faire ses preuves et de recevoir cette consécration? Vous méconnaissez, est-il répondu, le caractère de beaucoup d'esprits supérieurs, surtout en ce pays. Leur domaine n'est pas la pratique, mais la pensée. Leur supériorité même les porte vers les choses nobles et les éloigne des nécessités vulgaires; elle n'en existe pas moins. Un esprit élevé n'est pas nécessairement universel et complet, et l'absence de certaines qualités communes ne saurait s'appeler une défaillance. Tout cela est vrai, pourvu qu'on ne pousse pas à l'abus de tels raisonnements.

Dans le même sens, on dit encore : les avantages de la gratuité sont subordonnés à une double hypothèse; qu'il n'y aura pas d'hommes imprudents ou nourrissant une arrière-pensée coupable pour affronter sans ressources les périls d'une situation improductive, et qu'il n'y aura pas d'électeurs pour passer outre aux inconvénients de tels choix.

On pourrait répondre, il est vrai, que les eaux se frayant un passage à travers une digue ne prouvent pas qu'elle soit inutile contre les masses liquides qu'elle retient; et que des électeurs, éprouvant le désir ou le besoin d'un représentant dépourvu des ressources nécessaires, ont le moyen très-honorable, pratiqué maintes fois en France et ailleurs, de les lui procurer. Si l'on veut considérer cette difficulté à surmonter comme un obstacle, sans nul doute la gratuité constitue une restriction indirecte du pouvoir des électeurs; et je l'ai dit, ces limitations de l'exercice d'un droit ne peuvent échapper au reproche d'y porter injustement atteinte qu'à la condition d'être réduites à ce que réclame strictement la raison.

Quoi qu'il en soit, les peuples les plus en avant dans les voies de la démocratie, tantôt pour une Chambre, tantôt pour l'autre, ou encore pour les deux, pratiquent le système de l'indemnité. En Belgique, les députés touchent 430 fr. par mois; en Hollande, 4,150 fr. par an. En Prusse, leur indemnité est de 11 fr. 25 c. par jour, auxquels il faut ajouter les frais de déplacement et de nourriture. Au Canada, les membres de la *house of Assembly* (Chambre basse) ont droit à une allocation. Au Brésil, les députés reçoivent 6,750 fr. et les sénateurs 10,000 fr. par session. Les États-Unis accordent aux représentants et aux sénateurs des indemnités égales de 15,000 fr. par session, et des frais de déplacement à raison de 40 fr. par 20 milles, environ 27 kilomètres.

La parité des indemnités attribuées aux deux Chambres me semble répondre à la tendance de notre époque et de notre race vers l'égalité et la symétrie en toutes choses, et de plus au caractère de notre seconde chambre telle que je la comprends. L'élection est leur origine commune; l'équilibre de l'une par l'autre est leur but. J'ai protesté contre la pensée d'attribuer à aucune d'elles une supériorité politique; il est naturel dès lors de les mettre à tous égards sur le même pied. L'autorité de la seconde chambre ne découle plus du prestige et de la tradition aristocratiques, inspirant un vague sentiment de respect et de soumission; elle est demandée à la confiance, à la volonté réfléchie de quiconque en reconnaît la valeur et l'opportunité. Toute distinction, qu'elle consiste pour le Sénat dans un excédant d'indemnité, comme au Brésil et en France sous le second Empire, ou dans l'absence d'indemnité comme pour les Chambres hautes de Belgique, de Hollande et de Prusse, amène des froissements d'intérêt et d'amour-propre.

Pour discuter et laisser résoudre la question d'indemnité plus librement, j'ai évité de mêler à ses termes fixes et normaux une considération fort grave, mais de circonstance. Les finances françaises sont et seront longtemps anéanties. Notre dette publique, si je ne me trompe, sera la plus forte de l'Europe, y compris l'Angleterre, et n'aura d'égale au monde que celle des États-Unis. Mais la République américaine possède, pour affranchir rapidement son avenir, un réservoir inépuisable de richesses, à savoir les ressources presque indéfinies de son immense territoire inexploité. Le seul remède offert à nos maux sera l'ordre et l'économie. Je ne veux pas dire que l'économie ne s'impose pas toujours à une nation sensée; j'entends seulement que, parfois, elle devient un devoir plus rigoureux. Il est bien entendu que si l'indemnité devait être refusée au Sénat, elle le serait aussi à la Chambre des députés. Non-seulement la mesure financière acquerrait à cette condition une réelle efficacité, mais elle respecterait une similitude, une égalité politique que je crois essentielle pour l'avenir de nos institutions. Je suppose que la représentation nationale se compose de cinq cents députés et deux cent cinquante sénateurs, touchant chacun une indemnité de 15,000 fr., chiffre très-inférieur, on le sait, à l'indemnité des sénateurs de l'Empire, peu supérieur à celle des députés de ce régime, et adopté aux États-Unis. C'est une somme annuelle de plus de onze millions inscrite au budget, avec laquelle, pour donner une idée de sa puissance, on pourrait changer la face de notre instruction primaire. Veut-on savoir quelle serait la conséquence, pour la génération qui nous succédera, de onze millions en moins au budget? Ces dix millions (je mets dix au lieu de onze), économisés annuellement et capitalisés à 5 pour 100 (la France emprunte aujourd'hui à 6 pour 100) pendant les trente années qui sont la période d'une génération, représenteraient un capital de six cent soixante-six millions. Le poids de cette somme énorme serait épargné à nos finances par la gratuité des fonctions de sénateur et de député.

Et, c'est encore une remarque à faire, dans l'état actuel de notre législation, l'indemnité attribuée aux deux Chambres est, non l'application d'un principe, mais une exception à la règle générale de la gratuité des fonctions électives. L'exception correspond-elle à un labeur particulier et supérieur à celui des autres mandats? En ce cas, il faudrait accorder une allocation aux membres de certains grands Conseils municipaux dont les sessions se confondent en une succession de séances régulière et prolongée durant toute l'année. A ce titre encore, si les sessions des Conseils généraux, ainsi que le réclament de nombreux intérêts et de nombreux intéressés, devenaient moins rares ou moins courtes, il conviendrait de renoncer à la gratuité de ces fonctions départementales. Être entraîné à ces conséquences, serait déplorable pour nos finances et pour notre caractère.

Nombre des siéges et leur répartition entre les départements.

J'ai écrit incidemment, mais par simple approximation, le chiffre de deux cent cinquante sénateurs. On a toujours considéré que le nombre des membres d'une seconde chambre devait se tenir dans ces limites. Une Assemblée ne saurait être augmentée indéfiniment, ni suivre toujours les proportions de la population à laquelle elle correspond. L'Empire russe, le cas échéant, devrait se contenter de Chambres numériquement analogues aux Assemblées anglaises : cinq cents membres environ pour l'une, deux cent cinquante à trois cents pour l'autre. Au-delà de cinq cents personnes délibérantes, les débats deviennent toujours difficiles, habituellement confus, souvent tumultueux. Au-dessus de deux cent cinquante à trois cents personnes, le calme et la gravité spécialement requis d'une Assemblée modératrice risquent d'être trop fréquemment compromis.

Il conviendrait de répartir les siéges entre les départements suivant ces trois éléments qui, d'ordinaire, en pareille matière, sont pris pour bases : la population, l'étendue, et la richesse exprimée par le chiffre des impôts. Mais les combinaisons les plus simples et les plus directes sont, parmi nous, les mieux comprises et les moins contestées. Du consentement général, on s'en tient, pour la Chambre des députés, à l'élément de la population, et j'admets que, si son importance est sans rapport constant avec l'étendue, elle est en corrélation assez exacte avec la richesse. Je propose l'attribution d'un siége par département au-dessous de 200,000 habitants, de deux pour une population de 200,000 à 400,000 âmes, et ainsi toujours dans la même proportion. Le résultat est équitable et se maintient dans les limites dont nous avons reconnu la nécessité. Réserve faite d'un tableau à dresser d'après les données officielles, cinq départements auraient un siége ; quarante-sept départements, deux ; vingt-six départements, trois ; six départements, quatre ; le Nord, sept ; la Seine, dix. En donnant dix siéges à l'Institut, deux par académie, ce qui n'a rien d'exagéré, on obtient un total de deux cent vingt-huit sénateurs.

Qu'on veuille bien le remarquer, les départements d'une faible population n'auraient nullement à se plaindre de la position qui leur serait faite. Je suppose une Assemblée régionale correspondant à trois départements. Elle contiendra l'équivalent environ d'un Conseil général, soit d'un département, tant en magistrats qu'en officiers supérieurs. Si un département possède un siége, un autre trois, et le dernier quatre, le moindre droit figure pour un huitième dans l'ensemble. Or, le nombre des conseillers généraux étant celui des cantons, il varie d'ordinaire de trente à quarante par département ; et une population de 150,000 habitants n'aura guère moins d'électeurs pour la représenter qu'une population double. Le cinquième des voix pourra ainsi appartenir à un département n'ayant droit qu'à un huitième des siéges. L'influence des centres de population serait ainsi quelque peu atteinte. Le correctif désirable viendrait, à mon sens, de la magistrature et de l'armée, naturellement rapprochées de ces foyers de population et d'activité, et portées ainsi à leur emprunter des hommes marquants et utiles, de préférence à d'autres candidats dont elles n'auraient pu aussi bien apprécier les services.

De la durée des pouvoirs et du droit de dissolution.

La dissolution et la durée des fonctions sont des questions connexes. Les sénateurs sont-ils élus à vie, il n'y a plus de dissolution possible; mais en ce cas, s'il se produit un désaccord entre le Sénat d'une part et la Chambre des députés ou le pouvoir exécutif de l'autre, comment cessera-t-il? Quand la désignation des membres de la Chambre haute héréditaire ou à vie appartient à la couronne, celle-ci peut ramener une majorité au sentiment qui prévaut dans l'ensemble du pays au moyen de nominations opportunes qui ne lui ont jamais été contestées. Une Assemblée composée de membres élus à vie qui s'écarte de la direction de l'opinion publique ne saurait y être replacée que par l'action fort lente des extinctions et remplacements. Il serait imprudent de laisser longtemps subsister un conflit sans pouvoir connaître exactement si les électeurs de la seconde chambre approuvent son attitude ; plus dangereux encore d'être impuissant à le trancher si quelques élections partielles attestaient une improbation de leur part. Le principe de l'élection une fois admis, c'est-à-dire la seconde chambre émanant du pays interrogé, il importe, et l'opinion ne manquerait pas de l'entendre ainsi, que ses délégués ne puissent devenir ses adversaires, qu'ils soient tenus en respect, confirmés s'il y a lieu, remplacés s'il le faut. La nation maintient ou renouvelle la consultation qu'elle a d'abord donnée. Imprimer à une Chambre sa direction est assurément chose plus grave et plus digne d'être recherchée que de présider à sa naissance.

Quelle doit être la durée des pouvoirs? Certains peuples l'ont adoptée plus longue que pour la Chambre des députés, d'autres égale. Ainsi, les membres de la Chambre haute sont nommés en Danemark pour huit ans, les députés pour trois; en Belgique, les sénateurs pour huit ans, les députés pour quatre; aux États-Unis, les sénateurs pour six ans, les représentants pour deux. En Hollande, en Suisse, au Canada, les pouvoirs des deux Chambres sont d'une égale durée.

Avant de s'arrêter à une opinion sur la durée qu'en France il conviendrait de fixer au pouvoir électif du Sénat, il importe de savoir si, quoique temporaire et par surcroît de son expiration au terme fixé, son mandat peut être détruit en cours d'exercice par le droit de dissolution. Ce droit, en effet, n'existe-t-il pas entre les mains du pouvoir exécutif, le sentiment des électeurs doit être plus fréquemment interrogé. Autrement, pour la solution d'un conflit entre les pouvoirs, il faudrait attendre, longtemps peut-être, le renouvellement du Sénat à l'échéance normale.

Nous voyons deux pays, réputés sages, où le pouvoir exécutif ne possède le droit de dissolution à l'égard d'aucune des deux Chambres : la Suisse et les États-Unis. Il est vrai qu'en Suisse le mandat des deux Assemblées, et en Amérique celui des représentants, est à très-courte période, de trois ans pour les unes, de deux ans pour les derniers. Cependant, le Sénat des États-Unis est nommé pour six ans.

Si en France une question importante venait à diviser les pouvoirs, l'impatience des partis et de l'esprit public en général ne s'accommoderait pas d'attendre pendant cinq ans, six ans peut-être, une solution. Avant ce terme, quelque rouage, sinon tout le mécanisme, courrait le risque d'être brisé. Je ne sais même s'il serait prudent de placer notre pays devant une impossibilité, si courte qu'elle fût, de se prononcer; je n'oserais demander à sa sagesse d'ajourner une telle question et d'en détourner momentanément son attention passionnée. Les mandats même à courte période ne nous dispenseraient pas, ce me semble, du droit de dissolution à l'égard des deux Chambres.

Il devient permis de prolonger le mandat d'une Assemblée, qu'en temps de crise il est possible de renvoyer devant la nation. Si nous conservons pour la législature de la Chambre des députés la période de six ans, ou si nous revenons à celle de cinq ans, une durée de neuf années conviendrait particulièrement au mandat sénatorial. Elle offre l'avantage de correspondre à celle des Conseils généraux; au bout de neuf ans, sénateurs élus et conseillers électeurs auraient tous subi l'épreuve de nouveaux suffrages.

On sait que les Conseils généraux ne se renouvellent pas en bloc après neuf années d'existence, mais par tiers tous les trois ans. Le renouvellement du Sénat pourrait de même s'opérer partiellement et par tiers un an après chaque élection triennale des Conseils généraux. Les Assemblées hollandaises sont remplacées l'une par moitié tous les deux ans, l'autre par tiers tous les trois ans; la moitié du Sénat belge sort tous les deux ans. Les mérites du renouvellement partiel sont bien connus, et il fait ses preuves en France par nos assemblées départementales. L'agitation n'est pas répandue dans le corps électoral tout entier, et il n'y a pas à craindre que le corps délibérant se trouve subitement composé d'hommes nouveaux ayant à se former encore, ou étrangers aux phases antérieures des affaires. Les corps électoraux sont d'ailleurs sujets à des impressions excessives et éphémères. Souvent ils rectifient l'erreur de leur pensée quand ils ne peuvent plus corriger les conséquences de leur vote. Le fractionnement des renouvellements atténue ces fautes et ces regrets.

Même en admettant que ce système ne doive pas prévaloir pour la Chambre des députés, à laquelle il appartient de traduire rapidement et dans leur vivacité les sentiments du pays, il n'en reste pas moins approprié au Sénat, dont la mission est de donner à ces mêmes sentiments une expression non moins fidèle, mais plus mesurée. On ne saurait dire que le Sénat se trouverait par là en communication moins réelle que l'autre Chambre avec le pays, parce qu'au lieu de comparaître devant lui tous les six ans, un tiers des membres y rentrerait tous les trois ans avec les inspirations de l'opinion. C'est assez d'un tiers pour que, directement par l'appoint des voix ou sous l'influence du courant manifesté, la majorité, faible d'ordinaire sur les questions qui divisent les pouvoirs et le pays, soit déplacée.

Des équivalents d'une seconde chambre et de leur valeur.

On a prétendu que les avantages et les garanties d'une seconde chambre peuvent se rencontrer dans des institutions équivalentes.

D'un contradicteur loyal et éclairé comme M, Armand Marrast, l'opinion même qu'il combattait pouvait attendre justice ; aussi la fait-il suivre de cet aveu : « Oui, sans doute, « tout cela est sensé ». Puis il ajoute : « Et la commission « croit y avoir répondu par les précautions qu'elle a prises ». On ne saurait reconnaître plus hautement la nécessité d'une institution qu'en s'efforçant, après l'avoir repoussée, de la suppléer.

De la triple discussion.

« La commission, continue M. Marrast, assure plus de « deux degrés à la discussion en exigeant que l'Assemblée « délibère trois fois, à dix jours d'intervalle, sur les projets « qui lui sont soumis. Dans le cas d'urgence même, rien ne « peut être résolu à l'heure même, et l'urgence débattue « dans les comités ou bureaux doit être jugée avant que « l'Assemblée se prononce au fond. »

Les votes de la Chambre des communes sur les deux lectures préalables n'ont pas paru aux Anglais une mesure tellement efficace qu'à leurs yeux la discussion par les lords soit rendue superflue. Ils ne dédaignent point la garantie des trois lectures, puisqu'elle est maintenue en plus de toutes les autres dont ils s'entourent ; mais ils ne s'en contentent pas, et à bon droit. Les orateurs ne veulent pas qu'à l'heure de la solution l'impression d'un discours trop ancien soit effacée ; ils réservent leurs arguments, et leurs collègues de même réservent pour la troisième lecture leur intérêt et leur attention. Ainsi passée à l'état de formalité, la garantie des trois lectures perd beaucoup de ses mérites ; elle est du reste essentielle et banale : « Il faut, dit M. John Stuart Mill, « qu'une Assemblée représentative soit bien mal constituée « si les formalités établies pour l'expédition des affaires « n'exigent pas toujours plus de deux délibérations ». Et il explique aussitôt comment ce n'est pas en elle-même qu'une

Chambre peut trouver un motif suffisant de s'arrêter et de se contenir.

« La considération qui parle le plus en faveur des deux « Chambres, c'est le mauvais effet produit sur tout posses- « seur du pouvoir, que ce soit un individu ou une Assemblée, « par le sentiment qu'il n'a que lui à consulter. Il est impor- « tant que nulle Assemblée d'hommes ne puisse, même tem- « porairement, faire prévaloir son *sic volo* sans demander le « consentement de personne autre. Une majorité dans une « Assemblée unique, quand elle a pris un caractère perma- « nent, qu'elle est composée des mêmes personnes agissant « habituellement ensemble et qu'elle est toujours assurée de « la victoire, devient aisément despotique et outrecuidante « lorsqu'elle est délivrée de la nécessité d'examiner si ses « actes seront approuvés par une autre autorité consti- « tuée. »

M. Marrast crut avoir satisfait à toutes les exigences en ajoutant à la triple discussion la garantie d'un autre contre-poids : « A côté de l'Assemblée unique, la Constitution place « un Conseil d'État choisi par elle, émanation de sa volonté, « délibérant à part, en dehors des mouvements qui peuvent « agiter les grandes réunions ». Voilà donc les adversaires d'une seconde chambre amenés malgré eux à chercher des garanties dans les discussions plus *calmes* d'un *autre Corps délibérant*. Nous ne demandons que cela ; mais nous trouvons que le moyen proposé ne répond nullement au but, ni la conclusion aux prémisses. « C'est là (au Conseil d'État) que « la loi se prépare, c'est là qu'on renvoie pour la mûrir toute « proposition d'initiative parlementaire qui paraît trop hâtive « au pouvoir législatif. Ce corps, composé d'hommes émi- « nents et placé entre l'Assemblée qui fait la loi et le pou- « voir qui l'exécute, tenant au premier par sa racine, au « second par son contrôle sur l'administration, aura natu- « rellement une autorité qui tempérera ce que l'Assemblée « unique pourrait avoir de trop hardi, ce que le gouverne-

Du Conseil d'État.

« ment pourrait avoir d'arbitraire. Pour conjurer enfin tous « les périls de la précipitation, nous avons accordé au pou- « voir exécutif le droit d'appeler l'Assemblée à une délibé- « ration nouvelle. »

Cette dernière faculté ne fait qu'ajouter une quatrième discussion aux trois délibérations sur lesquelles nous avons fait connaître l'opinion de M. Stuart Mill. On ne saurait en appeler utilement d'une majorité *infatuée* et *despotique* à elle-même, comme de Philippe mal informé à Philippe mieux informé. On se soucie moins de se montrer obstiné ou frivole quand la responsabilité divisée et répartie entre tous semble ne s'arrêter sur personne.

En ce qui touche le Conseil d'État, il semble à première vue que M. Duvergier de Hauranne était autorisé à le qualifier de « simple commission de l'Assemblée ».

M. Odilon Barrot a plus amplement développé cette même appréciation. Je la reproduis, présumant que le Conseil d'État de 1848, au point de vue qui nous occupe et à d'autres, a conservé des partisans. « Quant à votre Conseil d'État, il « vivra de l'initiative du Gouvernement, des renvois qu'il « plaira à l'Assemblée de lui faire de certains projets de loi. « Voilà le grand aliment de ce pouvoir modérateur.

« Mais il faudrait bien peu connaître les Assemblées légis- « latives que de supposer, même par la pensée, qu'une « Assemblée législative sera moins jalouse que celles qui « l'ont précédée, de la pleine initiative qui lui appartient; « qu'elle accusera son incapacité en renvoyant à un Conseil « d'État les projets qui naissent dans son sein.

« Soyez convaincus d'avance que le Conseil d'État ne « recevra rien de l'initiative de l'Assemblée; et quant au « pouvoir exécutif lui-même, en présence d'une Assemblée « unique, soyez convaincus que son initiative elle-même « sera très-peu de chose.

« Ou cette Assemblée sera privée du principe de vie, ou « elle ne laissera rien ou très-peu de chose à l'initiative du « Gouvernement.

« Le gouvernement lui-même, quand il voudra que sa « pensée se rencontre avec la pensée de l'Assemblée, « quand il voudra ne pas se préparer des échecs éclatants, « savez-vous ce qu'il fera ? Il fera ce qu'on fait depuis « que les gouvernements constitutionnels sont établis ; ce « n'est pas dans un conseil permanent qu'il ira prendre les « préparateurs de ses lois, c'est dans les hommes influents « de l'Assemblée, c'est dans les comités, c'est dans les « hommes qui ont la pensée et le sentiment de l'Assem-« blée et non dans un Conseil d'État qui s'en sera séparé, « qui aura perdu les traditions de cette Assemblée, et qui « aura en outre le tort d'être le rival de cette Assem-« blée et d'éveiller son orgueil et ses susceptibilités. (Très-« bien !)

« Aussi, soyez convaincus que dans cette Assemblée les « hommes qui auront quelque conscience de leur valeur, « de leur force et de leur avenir, assis qu'ils sont sur ces « bancs et investis de la pleine puissance de la souveraineté, « ne consentiront pas facilement à en descendre pour aller « élaborer obscurément, dans un Conseil d'État, des lois qui « viendront recevoir ici d'éclatants démentis. Cela n'est pas « dans la nature humaine.

« L'ancien Conseil d'État aussi était appelé par ses attri-« butions à préparer les lois du gouvernement. On a sou-« vent reproché au gouvernement de ne pas faire élaborer « ses lois avant de les apporter dans les Chambres ; pourtant « ce Conseil ne manquait pas d'hommes éclairés. Ce n'é-« taient pas des hommes traversant accidentellement le Con-« seil d'État, c'étaient des hommes ayant une longue pra-« tique des affaires, une longue habitude de préparer les « lois ; cependant, malgré le reproche des Chambres, d'un « côté, malgré les études spéciales du Conseil d'État, de « l'autre, l'empire des faits, des faits qui sont nos maîtres « à tous, l'empire des faits était tel qu'il n'y avait pas un « projet important qui passât dans le Conseil d'État, il « arrivait même presque toujours que les projets élaborés

« dans le sein du Conseil d'État étaient bouleversés dans « la Chambre.

« Vous avez un moyen de donner à votre Conseil d'État « la puissance que vous voudriez lui donner; vous ne pren- « drez pas ce moyen : ce serait de lui donner la parole, de « l'ôter à l'Assemblée; ce serait de lui livrer le débat, la « tribune, et de condamner le pouvoir législatif au mu- « tisme. Oh! à ce prix vous pouvez élever le Conseil d'État, « en faire une puissance, un pouvoir modérateur.

« Vous auriez alors le grand Conseil d'État de l'Empire, « mais au prix d'un Corps législatif mutilé, et certes, vous « n'avez, ni la volonté, ni, Dieu merci, le pouvoir de le « payer d'un tel prix.

« Le principe de vie est dans l'Assemblée nationale, sou- « venez-vous qu'il ne peut être que là et qu'il ne sera pas « ailleurs : c'est la mort qui sera ailleurs, ici seront la vie « et les passions. (Sensation.) Ainsi les palliatifs présentés « dans le projet de Constitution sont complétement insigni- « fiants; ils n'ont pour eux aucune expérience, aucune « épreuve; c'est une nouveauté, et une nouveauté qui ne « supporte même pas la discussion. Nous avons vu des ins- « titutions qui, même théoriquement, présentaient d'im- « menses avantages, et cependant la pratique venait détruire « toutes les espérances qu'on avait conçues dans ces institu- « tions. Mais quand on n'a pour soi ni la pratique, ni l'expé- « rience, ni la théorie, ni le fait, fonder une Constitution « qui doit être la plus haute expression des lumières, de la « science politique, de la sagesse de cette grande nation, « dont avec raison vous avez fait l'initiatrice de la civilisa- « tion du monde, fonder cette Constitution sur l'institution « d'un Conseil d'État, qui n'est ni le Conseil d'État de l'Em- « pire, ni le Conseil d'État des règnes précédents, d'un « Conseil d'État mi-partie politique et administratif..... « (Réclamation au banc de la commission.)

« Le citoyen DUFAURE. — Mais non! non! vous vous « trompez!

« *Voix nombreuses.* — N'interrompez-pas ! N'interrom-« pez-pas !

« Le citoyen Président. — Les membres de la majorité « de la commission réclamaient seulement contre une erreur « de fait.

« Le citoyen Barrot. — Ce n'est pas une erreur de fait, « j'en demande pardon à mes collègues de la majorité ; ils « ont pour eux le nombre et le talent ; je ne leur demande « qu'un peu de tolérance.

« Le citoyen Dufaure. — Nous demandons la vérité.

« Le citoyen Odilon Barrot. — C'est aussi la vérité que « je veux, M. Dufaure. Vous ne détruisez pas, dans ses « attributions administratives et contentieuses, le Conseil « d'État actuel ; vous le maintenez. Je ne sais quel nom « vous lui donnerez ; vous le nommerez tribunal adminis-« tratif ; mais ce n'est pas moins par ses attributions spé-« ciales, par son habitude de l'administration, par ce pou-« voir de prononcer entre l'État et les intérêts particuliers, « que le Conseil d'État, sous l'ancien gouvernement, avait « une consistance réelle et sérieuse, parce qu'il se ratta-« chait aux intérêts positifs du pays. Votre Conseil d'État « ne sera même pas cela ; c'est le Conseil d'État ordinaire « que vous décorez d'un autre nom, qui conserve ses « attributions. Que sera-t-il donc ? Il sera conseil consultatif « sur les projets qu'on voudra bien lui renvoyer de la « Chambre. Vous savez de quelle valeur est cette attribu-« tion aux yeux de l'expérience et de la pratique. »

Je ne sache pas que le Conseil d'État de la République ait pu, en des circonstances importantes, remplir ce rôle de modérateur, ni qu'il ait tenu d'ailleurs que de ses anciennes attributions sa considération et son influence. Plus tard, selon l'expression de M. Odilon Barrot, le second Empire lui a passé la parole de l'Assemblée réduite au silence. Après l'illusion d'un contrôle, il posséda avec le souverain l'omnipotence législative ; il n'a été et ne pouvait être un corps modérateur. Voudrait-on recourir de nouveau à des équivalents, véritables expédients si bien jugés avant la pratique, condamnés depuis?

De la nécessité d'une seconde chambre pour les républiques.

J'en viens au dernier des arguments proposés pour écarter la seconde chambre. La forme républicaine semble à certains de ses fervents adeptes contenir je ne sais quel spécifique dont la vertu tient lieu des contre-poids connus et usités; et même tel serait son caractère qu'elle n'en comporte pas l'existence.

Ce n'est pas une opinion républicaine, mais une erreur française. Les républiques du monde entier ont adopté le système des deux chambres. La règle que font fléchir encore quelques rares monarchies absolues ne souffre aucune exception où règnent les institutions républicaines. Par quelle étrange contradiction, l'opinion qui paraît ailleurs non-seulement admettre, mais plus que toute autre appeler certaines garanties, leur témoigne-t-elle en France une persistante hostilité?

Le débat relatif à la Chambre des pairs avait, après 1830, porté sur l'hérédité. Dans la fraction du pays qui s'était alors prononcée contre l'hérédité et qui avait triomphé, devait néanmoins subsister longtemps ce vague sentiment qu'une seconde chambre est par essence entachée d'aristocratie, sinon dans les actes, au moins dans les tendances. Cette confusion eût été dissipée si les faits qui se produisent au-delà de nos frontières, dans le monde civilisé, obtenaient de nous quelque attention. On s'aperçoit qu'en 1848 le rapporteur de la Constitution s'associait à ce préjugé, alors ravivé, ou qu'il s'en est servi. Nous croyons avoir surabondamment démontré que la seconde chambre, instituée selon nos idées, ne serait aristocratique ni par son origine ni par ses attributions.

Il est une autre erreur, celle-ci de raisonnement et plus grossière, à savoir que la forme républicaine a ses conséquences constitutionnelles propres, et qu'elle exclut les garanties dont la liberté se trouve bien sous la monarchie.

Parmi les idées malencontreuses et bizarres qui pour son malheur se sont associées en France à celle de République, se trouve l'opinion que cette forme de gouvernement est par nature d'une simplicité élémentaire et primitive. Il semble que nos premiers ancêtres aient dû vivre au fond des forêts, réunis en associations fraternelles et libres, et n'aient connu que plus tard l'autorité des chefs armés d'une épée. C'est tout le contraire de la vérité. L'autorité est une chose infiniment plus simple et plus aisée que la liberté. Le gouvernement de *tous par tous*, définition exacte d'une organisation libre, complique la tâche d'une nation d'autant de difficultés qu'elle renferme de passions qui se donnent carrière, de partis qui se disputent le pouvoir. C'est là le conflit partout inhérent à l'état politique qui ouvre toutes les issues à la nature humaine.

Si l'on ajoute à ce conflit inévitable l'essor de traditions révolutionnaires et d'utopies socialistes qui se rattachent, en France seulement, à l'idée républicaine, on voit cette forme de gouvernement s'éloigner plus que toute autre de la simplicité rêvée. Montesquieu avait devancé les expériences de notre histoire quand il a fait connaître le besoin qu'une république éprouve de la *vertu* générale des citoyens; mais la vertu n'est pas l'unique secours dont puisse s'aider le fonctionnement d'un gouvernement libre. Si nous voulons appliquer et régler les forces de la nature autres que l'homme, nous disposons des rouages destinés à transmettre le mouvement et adoucir le contact. Cela est élémentaire, pour l'homme lui-même, mais ne paraît pas tel à l'intelligence populaire. Ce qui la saisit, ce qu'il lui faut, ce sont des aphorismes tranchants, à vives arêtes, un mécanisme dont la brutalité semble de la puissance, parce qu'une force non transmise produit un effet quelconque, mauvais peut-être, mais rapide. La forme républicaine n'a rien de simple; la conception de certains adhérents seule lui confère cet attribut; elle offre toutes les complications des gouvernements libres; plus, quelques-unes tirées de notre situation particulière. Le caractère par lequel elle se distingue de la monarchie constitutionnelle est très-limité, puisqu'il consiste uniquement dans la réélection du chef de l'État à échéances fixes et plus ou moins rapprochées.

A cela près que dans une monarchie constitutionnelle le pouvoir exécutif est transmis autrement, qu'il pèse moins sur le souverain et davantage sur le ministère, rien n'est particulier au Gouvernement républicain. Comme la monarchie, il ne saurait obtenir la conciliation de l'ordre et de la liberté que du régime parlementaire; comme elle encore, il peut contenir tous les genres de despotisme et d'anarchie. Le régime parlementaire n'est pas une conception scientifique, mais un ensemble de pratiques éprouvées en dehors desquelles l'expérience nous enseigne qu'il a toujours été chimérique de chercher la liberté. Or, ces pratiques s'accommodent aux États-Unis et en Suisse d'un chef du pouvoir élu, en Angleterre, en Belgique et ailleurs, d'un souverain héréditaire; elles ne s'adaptent pas à une combinaison principale, c'est un mécanisme accessoire qui s'adjoint à elles. Elles sont les *garanties nécessaires* dont aucun esprit libéral ne peut se départir. Parmi ces garanties, presque toutes les constitutions monarchiques, toutes les constitutions républicaines existantes inscrivent celle d'une seconde chambre.

Nous avons vu sur ce point l'opinion de M. Thiers, à propos de la Constitution de l'an III. « Une seconde chambre, « dit-il, est de tous les pays et même elle convient plus par- « ticulièrement aux républiques. »

M. Odilon Barrot, en 1848, a signalé les entraînements de la démocratie ; de la République, si elle correspond avec une expansion des tendances démocratiques; et de l'existence du mal, il a énergiquement conclu à la nécessité du remède. « Vous avez trouvé la société toute disposée, toute « préparée; elle l'était déjà depuis bien longtemps par nos « lois civiles, car il y a plus de républicanisme dans le code

« civil que vous n'en mettrez jamais dans vos Constitutions « politiques..... (Très-bien ! très-bien ! Vive approbation.) « Et puis les inquiétudes sont survenues. D'où sont-elles « venues, ces inquiétudes? Eh ! mon Dieu ! la conscience de « tous répond à cette question : Si la République peut don- « ner et réaliser autant, je ne dis pas même plus, de liberté « qu'une autre forme de gouvernement (Réclamations à l'ex- « trême gauche.), autant et plus de sécurité, et je suis con- « vaincu, si elle est sagement organisée, qu'elle peut en « donner beaucoup plus (Très-bien ! très-bien !), oh ! cer- « tainement, soyez convaincus qu'à liberté égale, à sécurité « égale, la forme républicaine l'emporterait de beaucoup « dans la conviction de tous (Oui ! oui !) ; c'est la forme logi- « que, c'est la forme qui appelle le pays tout entier à régler « ses destinées; c'est la forme qui ne laisse aucun prétexte « aux révolutions ultérieures.

« Et pourquoi donc ces inquiétudes? Pourquoi ce trouble « universel qui entraîne les hommes qui ont consacré leur « vie à la défense de la liberté à laisser pénétrer dans leurs « cœurs ce sentiment, ce besoin d'une dictature collective? « Pourquoi ? Eh bien ! c'est par un seul motif : c'est que les « faits, l'expérience actuelle, ce qui se produit dans le « monde politique et social ne rassurent pas complétement « sur cette vérité que la démocratie peut se modérer et se « régulariser.

« C'est donc là le point sur lequel tous les amis de la « République, tous ceux qui la veulent sérieusement, doi- « vent faire porter uniquement leurs préoccupations; c'est « de prouver que notre démocratie française peut se modé- « rer et se régulariser en se plaçant dans les formes d'un « gouvernement modéré et régulier. (Très-bien ! très- « bien !)

« Voilà pourquoi l'expédient révolutionnaire que l'on pro- « pose; la constitution d'une Convention, non pas à titre de « nécessité d'un moment, non pas en face de telle ou telle « circonstance qui doit passer, mais comme gouvernement

« permanent et régulier, bien loin d'être un remède à cet « état des esprits, offre ce double danger, d'avertir solen- « nellement et constitutionnellement en quelque sorte le « pays que la révolution n'est pas accomplie, qu'elle a encore « à combattre, à détruire; et, en outre, d'éloigner indéfini- « ment ce gouvernement régulier, modéré, dans lequel la « société aimerait à se reposer et dans lequel elle aurait « besoin enfin de trouver un peu de sécurité et d'avenir. « (Vive approbation.)

. . . . . . . . . . . . . . . . . . . . . . . . . . . .

« Mais ne croyez pas que ce soit par un pur accident que « dans tous les pays où la liberté existe, où les démocraties « sont arrivées à l'état de gouvernement, sans aucune fic- « tion, ne croyez pas que ce soit par un pur accident que le « pouvoir législatif qui représente le souverain, qui constitue « la démocratie vivante et agissante, que ce pouvoir s'est « partout divisé. Il s'est divisé par l'effet même de la néces- « sité.

« Eh ! mon Dieu ! Les démocrates ont subi à peu près par- « tout les mêmes entraînements.

« Dans cet esprit logique, uniforme, rectiligne, qui plaît « tant à notre pays, mais qui est propre à tout esprit humain « qui vit un peu et qui tend à vivre, c'est son honneur, qui « tend à vivre dans l'idéal, à s'éloigner du positif des choses « humaines; ce qui est simple, uniforme, est ce qui saisit « d'abord les sociétés, qui naissent à la liberté. Elles tentent « d'abord de ce pouvoir législatif non divisé par bien des « raisons, indépendamment de ces influences de la théorie « et de l'idée dont je vous parlais. Les démocraties n'arrivent « qu'au milieu des tourmentes, des révolutions et des luttes « violentes. Une démocratie ainsi constituée, victorieuse, ne « s'imagine pas qu'il faille partager le pouvoir. J'ai suffi, « disent-elles, à révolutionner, je suffirai bien à gouverner « le pays. C'est un sentiment qui est pris dans le cœur « humain, dans l'orgueil légitime de l'humanité. Aussi, « toutes les démocraties ont-elles commencé par l'unité du

« pouvoir législatif; et puis l'expérience, la triste expé-
« rience, avec la puissance des faits, à travers des leçons
« quelquefois chèrement achetées, l'expérience est venue qui
« a montré à ceux qui croyaient franchement à la possibilité
« d'un pouvoir législatif unique non divisé que, partout où il
« y a un pouvoir législatif unique, il n'y a pas, il ne peut pas
« y avoir en face de lui de contre-poids suffisant, il est tout-
« puissant; que c'est créer un pouvoir tout-puissant, et un
« pouvoir tout-puissant irresponsable, car il est collectif,
« c'est-à-dire le pouvoir le plus exorbitant que la pensée
« humaine puisse concevoir. Et puis, qu'est-il arrivé? C'est
« que la loi du monde qui jusqu'à présent n'a reçu aucune
« exception, est que tout pouvoir qui n'est pas modéré ni
« contrôlé, que tout pouvoir tout-puissant se perd infailli-
« blement; il en est résulté qu'après des convulsions intes-
« tines, qu'après des guerres civiles sanglantes, qu'après la
« plus dure et la plus cruelle expiation de ces fautes de la
« théorie et de la fausse logique, le fait reprenant son em-
« pire a ramené forcément la société et le Gouvernement à
« la division du pouvoir législatif, parce que cette division
« permet seule qu'une autre puissance puisse s'établir à côté
« de lui, permet seule l'équilibre, parce que cette division
« tempère ce que le pouvoir législatif, dans les démocraties,
« a nécessairement de trop entraînant et de trop puissant.

. . . . . . . . . . . . . . . . . . . . . . . . . . . .

« En résulte-t-il que, parce que votre pouvoir modérateur
« ne trouvera pas cette force qu'il trouve accidentellement
« soit en Amérique, soit en Angleterre, qu'il ne faut pas de
« pouvoir modérateur; mais j'en tirerai une conséquence
« inverse (approbation), et je vous dirai : si, par l'effet des
« révolutions, du temps, des siècles; si, par l'effet d'une
« politique qui ne remonte pas seulement à la Convention,
« mais à Richelieu et à Louis XI; si, par l'effet de ce travail
« successif de notre société sur elle-même, il n'y a plus dans
« ce pays-ci qu'une seule force, la démocratie française; si
« cela est vrai, parfaitement vrai; si tout homme qui tente-

« rait de le nier ou qui aurait une idée politique en contra-
« diction avec cette vérité serait un véritable insensé; si
« cela est parfaitement vrai, quelle conclusion en tirerez-
« vous? Qu'il faut abandonner cette démocratie à elle-même,
« à ses entraînements, à ses passions; qu'il ne faut pas la
« préserver elle-même de sa toute-puissance et des vices de
« sa toute-puissance. (Très-bien! très-bien!)

« Moi, j'en tire une conclusion contraire; et je dis que la
« puissance de modération doit être en raison même de la
« force d'impulsion; et que, puisque notre démocratie ne
« trouve aucun temps d'arrêt, aucune résistance, ni dans
« l'organisation communale ou gouvernementale, ni dans le
« droit individuel, ni dans d'autres pouvoirs, ni dans les
« traditions, ni même dans les grandes fortunes, ni dans le
« prestige de la naissance, puisqu'elle est seule, seule dans
« le monde, c'est en elle que je veux trouver les moyens de
« la modérer et de l'arrêter, quand elle s'égarera. (Très-bien.)

« C'est la loi des sociétés modernes, qui arrivent à la
« démocratie pure de modérer la démocratie par la démo-
« cratie, et l'œuvre n'est pas impossible, et l'œuvre est
« digne d'occuper des législateurs sérieux. . . . . . . .
. . . . . . . . . . . . . . . . . . . . . . . . . . »

Oui, nous n'avons plus à découvrir, mais à fonder des institutions qui puissent modérer la démocratie et nous préserver d'agitations stériles. Elles doivent être une préoccupation de nos constituants et de tous les bons citoyens. J'ai garde de dire la principale préoccupation; l'ordre, la stabilité ne sont pas le seul besoin des sociétés. Combien de blessures n'avons-nous pas à guérir! l'armée à refaire, la fortune publique à sauver, des lumières à répandre, et par-dessus tout l'habitude à acquérir d'un esprit plus sérieux. Je lisais récemment que la *bohême* nous avait perdus; politique, finances, le monde autant que les lettres, elle avait tout envahi. Des mœurs légères peuvent-elles engendrer tant de maux? « Si l'on examine le cours de la destinée « humaine, répond M^me^ de Staël, on verra que la légèreté

« peut conduire à tout ce qu'il y a de mauvais dans ce « monde. Il n'y a que l'enfance en qui la légèreté soit un « charme. Mais quand le temps livre l'homme à lui-même, « ce n'est que dans le sérieux de son âme qu'il trouve des « pensées, des sentiments et des vertus. »

# TABLE

# ERRATA

Page 26, en marge, *au lieu de* : Sénatus-consulte de l'an X, *lire* : Sénatus-consulte de l'an XII; ligne 33, *au lieu de* : l'an X, *lire* : l'an XII.

Evreux, A. Hérissey, imp. - 471.

www.ingramcontent.com/pod-product-compliance
Ingram Content Group UK Ltd.
Pitfield, Milton Keynes, MK11 3LW, UK
UKHW031925260826
14628UKWH00003B/1415

9 782011 783608